HISTOIRE

DE NAPOLÉON.

PARIS, IMPRIMERIE DE DECOURCHANT,
RUE D'ERFURTH, N° 1, PRÈS DE L'ABBAYE.

HISTOIRE
DE NAPOLÉON;
ÉTUDES
SUR
LES CAUSES DE SA CHUTE.

PAR J.-C. BAILLEUL,
ANCIEN DÉPUTÉ DE LA SEINE-INFÉRIEURE.

TOME TROISIÈME.

PARIS,

A LA LIBRAIRIE DU COMMERCE,
CHEZ RENARD, RUE SAINTE-ANNE.

A LA LIBRAIRIE CLASSIQUE, CHEZ HACHETTE,
RUE PIERRE-SARRAZIN, N° 12.

AU DÉPOT CENTRAL DE LA LIBRAIRIE ET DE LA MUSIQUE,
RUE DES FILLES-SAINT-THOMAS, N° 5, PLACE DE LA BOURSE.

1835

HISTOIRE DE NAPOLÉON.

DEUXIÈME PARTIE.

ÉTUDES SUR LES CAUSES DE SA CHUTE.

PREMIÈRE ÉPOQUE.

CONSULAT PROVISOIRE.

CHAPITRE PREMIER.

Difficultés du sujet. — Installation du consulat provisoire. — Nomination d'un président. — Nomination des ministres, etc.

La tâche que j'ose entreprendre dans cette seconde partie des Etudes sur l'histoire de Napoléon : LES CAUSES DE SA CHUTE, offre des difficultés en quelque sorte insurmontables. Les écrits déjà sans nombre qui, sous les titres de *Mémoires, Histoires*, etc., ont pour objet cette existence si extraordinaire, ainsi que les événemens si graves qu'elle a subis ou qu'elle a fait naître, ne présentent que des ressources souvent bien trompeuses pour qui cherche la vérité.

Parmi ces écrits, il en est de tellement révoltans, qu'on reste épouvanté de l'abus qu'on peut faire de la faculté de transmettre ses pensées par la presse; on tremble de céder, à son insu, à quelques-unes de ces viles passions qui sont l'opprobre et la calamité de notre espèce, et particulièrement de notre époque.

Ce qu'il y a de plus remarquable et de plus fâcheux, c'est que Napoléon lui-même, dans ses *dictées* de Sainte-Hélène, dans ses entretiens recueillis par des hommes qui s'étaient associés à son infortune, ne nous a rien laissé qui puisse donner une idée de l'organisation, tant de la société que du gouvernement, à laquelle il croyait devoir s'arrêter définitivement. Tout ce qu'on peut induire de ce qui vient de lui, c'est que l'état de choses, tel qu'il était sous son règne, état d'ailleurs toujours mobile, ne lui paraissait pas satisfaisant. On voit qu'il était fort incertain dans ses résolutions; il semble même, d'après ses propres expressions, qu'un gouvernement, sauf quelques règles générales bien élastiques, ne peut aller qu'au jour le jour.

On prétend que dans sa dernière et funeste campagne, placé sur un monticule, environné de ses lieutenans et regardant défiler l'armée, il dit : « Voilà qui est bien beau; mais tout cela ne vaut pas des institutions. » Quelles auraient été ces institutions? rien ne nous l'apprend. Dans un autre endroit de ses Mémoires, il trouve son administration trop chère et semble annoncer un autre système qui l'eût rendue moins dispendieuse; toutefois, il ne nous apprend nullement ce qu'aurait été ce nouveau système.

Quant à ses conversations avec son entourage, dont la lecture a un si grand attrait, elles sont loin souvent d'être sincères; on ne peut y voir qu'une intention bien prononcée : celle de donner aux faits de son règne une couleur telle qu'il en résulte une pleine justification de tous ses actes aux yeux des races futures.

En parlant de la défection d'un de ses généraux, qu'on accusait d'avoir livré ses plans de campagne, il soutient que cela n'était pas possible, attendu qu'il faisait ses plans de bataille sur le terrain même, en suivant les progrès de l'action, selon la position respective et accidentelle des combattans. Il y a lieu de croire que c'est ainsi qu'il procédait dans son gouvernement : il serait donc bien difficile de découvrir quel pût être son plan, s'il n'en avait pas. Tout ce qu'on peut apercevoir dans sa marche, c'est qu'il est essentiellement occupé de se maintenir et de s'agrandir; encore on peut chercher si en s'agrandissant il n'obéissait pas à ce qu'il regardait comme une nécessité pour se maintenir.

La première séance du consulat nouveau fut employée à organiser le gouvernement et l'administration, c'est-à-dire à nommer un président et ensuite à nommer les ministres. Cette séance eut lieu le 11 novembre 1799.

La loi qui nomme les trois consuls les avait investis tous trois d'un pouvoir égal; elle ne disait même pas qu'il y aurait un président dans ce conseil d'exécution. Ce silence de la loi n'a rien d'étonnant lorsqu'il s'agissait d'un établissement provisoire délibéré en quelques heures.

Le premier acte du consulat fut donc la nomination d'un président. Cette opération présenta à l'instant même une singularité assez remarquable, c'est que sur les trois, un seul allait faire la nomination, soit qu'il se nommât lui-même, soit qu'il donnât son suffrage à l'un de ses collègues acceptant, cas auquel le suffrage se confondait avec l'acceptation, d'où il résultait que le président élu était encore l'œuvre de son choix.

Les trois consuls étaient Sieyès, Napoléon et Roger-Ducos. Convenablement la présidence ne pouvait être déférée qu'à l'un des deux premiers. La nomination dépendait donc de Roger-Ducos ou du troisième consul.

Roger-Ducos était intimement lié avec Sieyès, membre, comme celui-ci, du Directoire; nommé, disait-on, par son influence, il s'était montré plutôt son subordonné que son collègue. Mais Roger-Ducos était d'ailleurs homme d'un sens droit, comme le dit Napoléon, et un bon citoyen; il sentit que pour qu'il y eût un gouvernement, il fallait, dans un moment aussi critique, éviter des tiraillemens et des rivalités dangereuses; convaincu que la présidence devait être donnée à celui des trois qui était environné au plus haut degré de la confiance publique et qu'appelaient tous les vœux, il adressa ces paroles à Napoléon : « Il est inutile d'aller aux voix pour la présidence, elle vous appartient de droit. » Napoléon se le tint pour dit, et il prit le fauteuil.

Il restait à Sieyès une consolation; il avait espéré, si l'on en croit Napoléon, que celui-ci ne se mêlerait que des affaires militaires, et lui laisserait, à lui Sieyès, la conduite des affaires civiles; mais après cette première séance, qui avait duré plusieurs heures, il fut très-étonné lorsqu'il reconnut que Napoléon avait des opinions faites sur la politique, les finances, la justice, même sur la jurisprudence, et enfin sur toutes les branches de l'administration; qu'il soutenait ses idées avec une logique pressante et serrée (c'est Napoléon lui-même qui parle ainsi de lui), et qu'il n'était pas facile à convaincre. Il dit le soir en rentrant chez lui, en présence de Chazal, Talleyrand, Rœderer, Cabanis, etc. : « Messieurs, vous avez un maître.
» Napoléon veut tout faire, sait tout faire et
» peut tout faire. Dans la position déplorable où

» nous nous trouvons, il vaut mieux nous sou-
» mettre que d'exciter des divisions qui amè-
» neraient une perte certaine. »

Je ne veux pas contester cette anecdote; mais j'ai bien de la peine à croire que Sieyès eût eu jusque là une idée aussi rétrécie du caractère et des facultés de Napoléon. Nous en pensions autrement, quoique nous fussions bien loin de le juger pour ce qu'il valait.

La nomination à la présidence une fois faite, les consuls s'occupèrent aussitôt de la réorganisation de la partie du personnel qui les touchait de plus près. En conséquence, Lagarde, secrétaire général du Directoire, fut renvoyé et remplacé par Maret, connu depuis sous le titre et le nom de *duc de Bassano*. Napoléon donne à ce renvoi de Lagarde un motif peu honorable pour l'ancien secrétaire général du Directoire, ce qui était fort inutile. La première pensée des consuls devait être de ne pas laisser croire qu'ils allaient *continuer* le Directoire. Par ce seul motif, sans qu'il en fallût d'autre, son secrétaire général, sous ce nouveau gouvernement, devait être sacrifié.

Par la même raison on ne pouvait conserver

des ministres nommés presque tous sous l'influence des clubs et de la journée du 30 prairial. A la guerre, Berthier remplaça Dubois-Crancé. Napoléon parle de ce dernier comme d'un homme incapable et d'un homme de parti, qui avait rempli ses bureaux des gens de la faction, gens qui délibéraient au lieu de faire leur besogne. Dubois-Crancé ne put fournir au consul un seul état de situation de l'armée. Plusieurs corps créés ou par les généraux ou par les administrations existaient sans qu'on le sût au ministère. On disait, selon Napoléon, à Dubois-Crancé : « Vous payez l'armée, vous pouvez au
» moins nous donner les états de la solde ? —
» Nous ne la payons pas. — Vous nourrissez
» l'armée, donnez-nous les états du bureau des
» vivres ? — Nous ne la nourrissons pas. — Vous
» habillez l'armée, donnez-nous les états du
» bureau de l'habillement ? — Nous ne l'ha-
» billons pas. »

Je ne sais si dans ce dialogue Dubois-Crancé fit preuve d'une aussi grande naïveté. Je n'ai jamais eu de motif de prendre Dubois-Crancé pour un homme transcendant ; mais il n'était pas un sot, et je considère ses réponses comme autant d'ironies, par la raison que tout cela lui déplaisait fort, et qu'il avait demandé au Directoire l'autorisation de faire arrêter Napoléon, même quelque chose de plus. Je n'en regarde pas moins comme certain que dans ce ministère, ainsi que dans tous les autres, tel était l'état des choses. Sous le Directoire, et jusqu'au 3o prairial an VIII, à peine si on avait eu le temps de se reconnaître et de mettre un peu d'ordre dans une administration tourmentée par tant de catastrophes; mais à partir de cette dernière époque, il n'y eut plus, à le bien prendre, d'administration; mais il y avait des clubs.

Napoléon ajoute : « L'armée, dans l'intérieur,
» était payée au moyen de violations de caisse;
» elle était nourrie et habillée au moyen de ré-
» quisitions, et les bureaux n'exerçaient aucun
» contrôle. Il fallut un mois avant que le géné-
» ral Berthier pût avoir un état de l'armée, et
» ce ne fut qu'alors qu'on put procéder à sa
» réorganisation. »

Gaudin, qui depuis fut fait *duc de Gaëte*, entra aux finances, poste occupé par Robert Lindet depuis le 3o prairial.

C'était un singulier être que ce Robert

Lindet! il n'en fut pas de plus laborieux. A la Convention, il vota constamment avec la Montagne. Il avait été membre du fameux comité de salut public; en cette qualité il avait signé les listes journalières de proscription... Il convient cependant d'être indulgent pour sa mémoire. Homme de devoir, avec une conception lente et un travail difficile, les yeux hors de la tête, la face sans cesse collée sur des papiers, nouvel Archimède, on aurait tué tout l'univers autour de lui, on l'aurait tué lui-même, qu'il ne s'en serait pas aperçu.

Gaudin, appelé à le remplacer, avait été sous l'ancien régime ce qu'on appelait un premier commis des finances. Il ne faut pas se méprendre sur ce titre de commis; un premier commis des finances était alors un personnage presque aussi bien payé que le sont aujourd'hui nos ministres. Il a toute sa vie été un homme de sens, d'ordre et de mœurs douces. Il n'en fallait pas davantage à Napoléon; il se chargeait du reste.

« Le trésor était vide, dit Napoléon; il ne
» s'y trouvait pas de quoi expédier un courrier.
» Toutes les rentrées se faisaient en bons de ré-

« quisitions, cédules, rescriptions, papiers de
» toute espèce, avec lesquels on avait dévoré
» d'avance toutes les ressources de l'armée. Les
» fournisseurs, payés avec des délégations, pui-
» saient eux-mêmes directement dans les caisses
» des receveurs, au fur et à mesure des ren-
» trées, et cependant ils ne faisaient aucun ser-
» vice. La rente était à six francs; toutes les
» sources étaient taries, le crédit anéanti; tout
» était désordre, dilapidation, gaspillage. Les
» receveurs, qui faisaient en même temps les
» fonctions de payeurs, s'enrichissaient par un
» agiotage d'autant plus difficile à réprimer,
» que tous ces papiers avaient des valeurs réelles
» différentes. »

Rien n'est exagéré dans le tableau qu'on vient de lire; j'ai été à même de me convaincre très-particulièrement de tous ces abus et de ces inconcevables désordres. Revenons à la nomination des ministres.

Cambacérès, ministre de la justice, conserva ce porte-feuille. L'on a déjà vu que Napoléon estimait beaucoup ce personnage, dont des mains plus habiles que la mienne auront peint la figure remarquable, surtout à raison de ses habitudes, dans lesquelles il était imperturbable, telles que de se promener au Palais-Royal gravement avec son habit doré, quelquefois sa barbe non faite, coiffé d'un chapeau tricorne, une grande canne à la main, entre deux confidens qu'on appelait assez plaisamment ses bonnes. Toute la puissance de l'empereur, à qui ces façons ne plaisaient pas, échoua contre le sang-froid des résolutions de son archichancelier. Il aimait singulièrement la représentation et les honneurs; aussi, lorsqu'il était membre des assemblées et que nous nous trouvions en commission avec lui, nous le nommions toujours président, parce que nous étions certains de lui faire grand plaisir; mais des qualités essentielles l'emportaient de beaucoup en lui sur ces originalités et cette espèce de charge de son extérieur, qui d'ailleurs ne faisaient de mal à personne. Savant jurisconsulte, esprit lucide, avec une facile élocution, disert et didactique plutôt qu'éloquent, il n'en commandait pas moins l'attention à un haut degré, par la justesse de ses observations, et souvent en éclairant une discussion il déterminait les suffrages. Avec un caractère doux et bienveillant, il a plus d'une fois calmé les fougues du maître. Je puis dire, sans craindre de me tromper, que sous toutes sortes de rapports il a rendu de grands services. Je l'ai beaucoup connu sans avoir jamais été lié avec lui. Je n'ai aucun motif personnel de lui rendre cette justice; je ne le fais que pour contrebalancer les turpitudes et les diatribes ignobles que dans ces derniers temps on a eu l'impudence de publier sous le titre d'histoire, que souillent de tels excès.

Reinhard, qui, sous l'influence du club du Manége, avait remplacé Talleyrand aux relations extérieures, fut aussi conservé, mais comme un chapeau qui gardait la place en attendant que Talleyrand pût convenablement la reprendre; ce qu'il fit le 22 novembre.

« Ce poste, dit Napoléon, était de peu d'im-
» portance dans la situation critique où la Ré-
» publique se trouvait. On ne pouvait en effet
» entamer aucune espèce de négociation avant
» d'avoir rétabli l'ordre dans l'intérieur, réuni
» la nation, et remporté des victoires sur les
» ennemis extérieurs. »

Reinhard était né dans le Wurtemberg; chose singulière que de prendre des étrangers pour en faire des ministres dans des crises semblables !

A l'intérieur, Laplace, *géomètre du premier rang*, succéda au ministre Quinette, qui se retrouva ministre du gouvernement provisoire au moment de l'invasion.

« Dès son premier travail, les consuls s'aper-
» çurent qu'ils s'étaient trompés dans leur choix.
» Laplace ne saisissait aucune question sous son
» véritable point de vue; il cherchait des sub-
» tilités partout, n'avait que des idées problé-
» matiques, et portait enfin l'esprit des infini-
» ment petits dans l'administration. »

On dit que les mathématiques forment le jugement en rectifiant les idées; voilà encore une de ces assertions dont la vérité est loin d'être démontrée. Je crois que les mathématiques sont d'un grand secours pour les esprits droits, mais qu'elles faussent les esprits mal faits bien plus qu'elles ne les redressent. Nous en avons vu souvent des exemples bien frappans.

En ce qui concerne le ministre Fouché, conservé à la police, je crois devoir emprunter encore les paroles mêmes de Napoléon.

« Les nominations furent faites par les con-
» suls d'un commun accord ; la première dis-

» sension d'opinion eut lieu pour Fouché, qui
» était ministre de la police. Sieyès le haïssait;
» il croyait la sûreté du gouvernement compro-
» mise si la direction de la police restait dans
» ses mains. Fouché, né à Nantes, avait été ora-
» torien avant la révolution ; il avait ensuite
» rempli un emploi subalterne dans un dépar-
» tement, et s'était distingué par l'exaltation de
» ses principes. Député à la Convention, il mar-
» cha dans la même direction que Collot-d'Her-
» bois. Après la révolution de thermidor, il fut
» proscrit comme terroriste. Sous le Directoire,
» il s'était attaché à Barras, et avait commencé
» sa fortune dans des compagnies de fourni-
» tures, où l'on avait imaginé de faire entrer
» un grand nombre d'hommes de la révolution;
» idée qui avait jeté une nouvelle déconsidéra-
» tion sur des hommes que les événemens po-
» litiques avaient déjà dépopularisés. Fouché,
» appelé au ministère de la police depuis plu-
» sieurs mois, avait pris parti contre la faction
» du Manége, qui s'agitait encore et qu'il fallait
» détruire; mais Sieyès n'attribuait pas cette
» conduite à des principes fixes, il l'attribuait
» seulement à la haine qu'il portait à ces so-

» ciétés, où, sans aucune retenue, on déclamait
» constamment contre les dilapidations et con-
» tre ceux qui avaient eu part aux fournitures.
» Sieyès proposait Alquier pour remplacer Fou-
» ché; ce changement ne parut pas indispen-
» sable. Quoique Fouché n'eût pas été dans le
» secret du 18 brumaire, il s'était bien com-
» porté. Napoléon convenait avec Sieyès qu'on
» ne pouvait en rien compter sur la moralité
» d'un tel ministre et sur son esprit versatile,
» mais enfin sa conduite avait été utile à la Ré-
» publique. « Nous formons une nouvelle époque,
» disait Napoléon; du passé, il ne faut nous
» souvenir que du bien et oublier le mal; l'âge,
» l'habitude des affaires et l'expérience ont
» formé bien des têtes et modifié bien des ca-
» ractères. » Fouché conserva son ministère.

D'abord, Napoléon fit très-bien de ne pas se rendre à la proposition de nommer Alquier, non qu'il ne fût très en état de remplir un ministère sous le rapport de la capacité : c'était un homme de beaucoup d'esprit, même de talent; mais jamais pusillanimité ne fut égale à la sienne. Toute son intelligence était employée à s'effacer, sans qu'on pût rien induire contre lui de ses refus ou de ses absences presque continuelles ; il n'y avait pas jusqu'au logement qu'il avait choisi, qui ne révélât le secret de son caractère. Il s'était niché dans un petit bâtiment placé au coin du jardin des Tuileries, du côté de l'eau, bâtiment en quelque sorte imperceptible, et qui, découvert, ne paraissait propre qu'à recevoir quelques outils de jardinage.

Quant à Fouché, duc d'Otrante, je l'ai beaucoup connu, je lui ai même donné asile lors de sa proscription en l'an III, que rappelle ici Napoléon. Je ne l'ai point perdu de vue dans sa grande fortune, et il m'a rendu quelques services, surtout dans une circonstance très-critique où le premier consul pensa me faire mettre au Temple. Il m'obtint quelques heures de répit, et les moyens de m'expliquer, d'abord par une lettre, qu'il se chargea de remettre lui-même au premier consul, ensuite dans une audience de plus de deux heures, dont je parlerai plus tard. J'ai donc vécu presque familièrement avec Fouché, et j'avoue que je n'aurais jamais pu concevoir cette fortune, ni reconnaître, soit dans son esprit, soit dans son caractère, les élémens qui pouvaient y conduire. Non que ce ne fût un homme plein d'intelligence; mais il y a loin de là à être un homme presque extraordinaire.

Je vois dans des mémoires du temps que le ministre de la police de Napoléon n'avait pas seulement fait preuve de vues profondes, mais qu'il avait beaucoup de finesse dans l'esprit, et dans ses manières de la grâce, même de la séduction. Moi et beaucoup d'autres n'avions jamais cru voir dans ce personnage qu'un homme léger, inconséquent. . . . .

Toutefois, et il faut bien en convenir, malgré les préventions fâcheuses dont il était environné, et des antécédens qui semblaient trop justifier ces préventions, le fait est qu'il est arrivé au pouvoir, qu'il l'a conservé long-temps, et cela sous Napoléon; qu'il y a noué de grandes intrigues, comme lorsqu'il mit en mouvement une partie des gardes nationales de France, et lorsque de son chef il ouvrit une négociation avec le gouvernement anglais. On ne peut nier qu'il n'ait fait jouer les ressorts de la police avec habileté : il y avait donc de la combinaison et de la hardiesse dans cette tête. Comment concilier tant d'insignifiance apparente d'une part, et de l'autre des preuves aussi évidentes d'une sagacité peu commune ?

Afin d'expliquer, s'il est possible, cette espèce de phénomène, il faut croire qu'il est des intelligences purement intérieures, qui ne rapportent qu'à elles-mêmes leurs pensées, qui agissent dans l'ombre, par des voies souterraines, selon les occasions qu'elles font naître et pour le but qu'elles se proposent; elles ne cherchent point à dominer les masses par des actes extérieurs plus ou moins éclatans. Leur grand secret consiste à faire mouvoir et parler les instrumens qu'elles emploient, et qui concourent à l'accomplissement de leurs desseins, le plus souvent sans qu'ils s'en doutent. Tous ces procédés, absolument étrangers à la loyauté et à la franchise qui doivent caractériser le véritable homme d'état, appartiennent, ce me semble, à l'esprit d'intrigue, le plus dangereux que l'on puisse introduire dans les affaires publiques, mais qui probablement aussi peut être utile dans des situations compliquées et critiques.

Le malheur des hommes qui agissent dans cet esprit, c'est quelquefois de se tromper grossièrement et de se prendre dans leurs propres filets; c'est ce qui est arrivé à Fouché à plusieurs reprises : par exemple, lorsque de son chef il ouvre avec le gouvernement anglais une négociation pour la paix. Napoléon finit par découvrir cette intrigue, et le ministre, qui déjà avait été disgracié une fois, le fut ici sans retour.

A l'époque de son ministère sous Louis XVIII, je fus le voir, je ne sais plus à quelle occasion. Après m'avoir parlé de la situation bizarre où il se trouvait, il sortit de l'un des tiroirs de son bureau un cahier de papiers; c'était l'un des rapports qu'il avait préparés pour le roi, sur l'état des affaires en France et sur la position du nouveau gouvernement. Il me lut les passages de cet écrit qu'il regardait comme les plus saillans et les plus caractéristiques; ce tableau était effrayant. Le fonds en était vrai; mais tout y était singulièrement exagéré. « Je » crois te comprendre, lui dis-je; tu veux ef- » frayer, et par là te rendre maître de la con- » duite des affaires; je crains bien que tu ne » manques ton but. D'après cet exposé, il ne reste » au roi et à sa famille d'autre ressource que de » faire leur paquet et de retourner à l'étranger,

» ou de se jeter à la rivière; ils ne seront pas de
» cet avis : il me semble que dans les mêmes
» vues tu te montrerais plus avisé si tu leur
» laissais au moins l'espérance en leur faisant
» entrevoir un meilleur avenir. » Le ministre
persista dans son opinion, ainsi que j'en pus juger lorsque le rapport fut imprimé. Au conseil
du roi, on ne se trompa point sur les intentions
de son auteur ni sur ses véritables motifs; le
ministre, que, certes, on ne voulait pas garder,
mais qui serait encore resté plus ou moins longtemps en place, fut renvoyé aussitôt.

Le duc d'Otrante a laissé des Mémoires : ses
enfans en ont contesté l'authenticité, ce qui, à
mon avis, ne prouve nullement contre. Des contemporains encore vivans s'y trouvent plus ou
moins vivement attaqués; il est tout simple que
les héritiers du nom et de la fortune n'aient
pas voulu assumer sur eux la responsabilité et
l'odieux de ces attaques. Quoi qu'il en soit, pour
qui a connu Fouché, ses habitudes, son caractère, ses prétentions, son langage, les Mémoires
sont de lui ou d'un écouteur aux portes bien
assidu et qui avait l'ouïe bien fine.

Fouché, comme tous les auteurs de Mémoires,

se fait pivot, centre, point de départ ; c'est lui qui a imaginé, dirigé ou modifié ce qui a été fait au moins de plus important. Il ne s'épargne rien, il se donne carrière sur tout, il tient pour ainsi dire dans sa main les destinées de Napoléon ; tout va bien quand il s'en mêle, tout va mal quand on agit à son insu et qu'il n'a aucune part dans l'action. Il y a sans doute bien de l'exagération dans ces prétentions ; mais, chose extraordinaire et qu'on aura peine à croire, c'est que, sous un grand nombre de rapports, elles sont fondées.

Napoléon va s'entourer d'hommes de toutes les opinions, parmi lesquels il s'en trouvera de fort habiles, pas tant qu'on croit cependant, pour toutes les choses d'exécution et d'administration ; quelques-uns même seront dévoués à la révolution; mais, soit crainte, soit défaut de capacité et de vues, soit désir de conserver la faveur et de se conformer à ce qu'ils croient être l'opinion du maître, aucun n'aura une existence à lui; tous seront des instrumens plus ou moins utiles, plus ou moins dangereux, selon les motifs secrets qui les feront agir.

Loin de là, Fouché conserve son individualité. Il sera la seule intelligence surveillante et agissante d'après un but qui lui sera propre; il marchera sur une ligne parallèle à celle que suivra Napoléon, ligne bien inférieure, à la vérité, et où il ne conservera pas toujours une juste mesure; mais ligne distincte et caractérisée.

Napoléon sera guidé par la plus haute ambition, par le désir le plus immodéré de la gloire; il maniera l'autorité avec autant d'habileté que d'audace; il fera tout plier sous sa volonté inébranlable et souveraine; il subjuguera la révolution et n'en prendra que ce qui pourra donner plus de force à l'accomplissement de ses desseins.

Fouché, non moins avide de pouvoir, se regarde comme le représentant responsable de cette révolution : il sera préoccupé de trois objets principaux : 1° de faire prévaloir la révolution, hors de laquelle il ne voit de salut ni pour lui ni pour les siens; 2° d'affermir et d'étendre son pouvoir, non-seulement parce qu'il est ambitieux, mais parce que, sans pouvoir, toutes les facultés qu'il croit avoir pour le maintien de la révolution seraient inutiles. Toutefois, en conservant, en fortifiant sa position, il la rendra si forte qu'il finira par inquiéter le maître lui-même. Je regarde qu'il y a toujours eu rivalité sourde entre ces deux hommes : Napoléon voulait se servir de la révolution pour un but indéfini ; le duc d'Otrante voulait maintenir la révolution, comme moyen de puissance. Il était difficile qu'ils pussent s'entendre long-temps.

On a toujours été étonné que Napoléon eût gardé auprès de lui un ministre qui lui inspirait de la défiance et dont il avait dit qu'on ne pouvait *compter en rien sur la moralité d'un tel homme.*

Napoléon n'avait besoin que d'un sens bien vulgaire pour se convaincre que le premier et le plus puissant obstacle qu'il pouvait rencontrer à l'entrée de sa carrière, allait se trouver dans les anarchistes, les jacobins, les révolutionnaires, etc.

Fouché avait figuré dans cette classe d'hommes au rang des principaux meneurs ; sa proscription après le 9 thermidor avait encore donné plus de force à l'espèce de solidarité qui existait entre eux et lui ; il connaissait leurs secrets, leurs pratiques, leurs manœuvres, les foyers de leurs intrigues; mais, qu'on ne s'y trompe pas, Fouché ne partageait ni leurs égaremens, ni leur enthousiasme : il avait trop d'esprit pour cela. Avide de pouvoir, comme tant d'autres partisans de la révolution, convaincu de sa supériorité, il se croyait fait pour tout dominer. On peut en juger par le dédain avec lequel il parle des autres sans exception. Il voulait la révolution ; mais il ne la voyait que dans les obstacles qu'elle pouvait rencontrer soit à l'intérieur, soit à l'étranger, et les révolutionnaires, à ses yeux, étaient les seuls instrumens qu'on pouvait leur opposer avec succès; instrumens indociles, comme il le reconnaît souvent, et dont toutefois il n'a jamais entendu se séparer. Fouché, appuyé sur ses bandes, et sûrement à dessein, se présentait comme une puissance qu'il eût été dangereux de laisser sans emploi, en même temps qu'il pouvait être utile, soit en paralysant leurs trames, soit même en les faisant agir à propos.

Napoléon sentit qu'il fallait fixer cet esprit mobile, inquiet, passionné, en lui donnant une bonne part dans l'action du pouvoir, une part analogue au caractère toujours remuant et investigateur de son ambition. Sous ce rapport,

Fouché était réellement une supériorité, et la haute police devait être tout naturellement son partage.

Je vais plus loin. Napoléon, dont le regard était perçant quand il en prenait la peine, ne pouvait se dissimuler que, de tous les individus dont il était entouré, Fouché était celui dont les vues pénétraient le plus avant dans la révolution en général et dans la situation du moment. Il y avait chez Fouché, sous ce rapport, soit égoïsme, frayeur, ambition ou patriotisme, un sentiment et une volonté de conservation qui ne se trouvaient chez aucun autre. Ce genre d'aptitude n'avait pu échapper à Napoléon, qui, ayant peu vécu dans l'intérieur de la France, dut le considérer comme une sorte d'éclaireur, dont les avis lui seraient d'autant plus nécessaires qu'il ne les trouverait que là, et dont, au bout du compte, il ne prendrait jamais que ce qu'il jugerait lui être nécessaire.

Fouché pense modestement que la chute de Napoléon fut assurée du moment que la direction de la haute police cessa d'être dans ses mains; et peut-être, comme je l'ai déjà fait pressentir, cette assertion n'est-elle pas sans quelque fondement, attendu qu'à partir de ce moment Napoléon a manqué de ces avertissemens que j'indiquais tout-à-l'heure comme lui étant nécessaires, et que, d'un autre côté, Fouché, qui, dans son ambitieuse et dévorante activité, l'aurait servi, chercha à lui nuire.

Ainsi Napoléon découvrait dans les conseils, les combinaisons et l'action de son ministre, un biais, une portée de vue qu'il ne trouvait point ailleurs. Voilà comment, tout en se défiant de lui, tout en lui reprochant souvent ses condescendances pour les jacobins, enfin malgré les dénonciations dont on le fatiguait et les obsessions dont on l'entourait pour qu'il renvoyât son ministre, il le conservait toujours.

Pour l'ordre de mon travail, je dois faire tout de suite une observation qui, je n'en doute pas, paraîtra bien étrange, et je dois la faire parce qu'elle renferme la première et la plus efficace des causes, quoique inaperçue, de la chute de Napoléon et de celle de son ministre ; la voici :

Napoléon, qui a manié le pouvoir avec une si rare énergie, avec tant d'habileté quand il s'est agi de le concentrer dans ses mains et de l'étendre, Napoléon ne comprenait ni la révolution, ni ses exigences, ni les devoirs que sa situation lui imposait autant pour sa sûreté personnelle que pour sa gloire et la dignité de la France ; Fouché n'a compris de la révolution que les obstacles qu'elle rencontrait et les dangers dont elle était menacée ; or c'est le point de départ qui presque toujours décide du succès d'une entreprise ; le défaut de connaissance chez l'un et de but dans l'autre, leur firent manquer, comme nous le verrons, cette juste mesure qu'il eût fallu saisir dès le principe, pour prévenir de dangereux écarts.

Ce n'est pas un reproche que je veuille adresser, soit à l'un, soit à l'autre ; personne alors ne concevait le grand événement, ni dans son étendue, ni dans son véritable principe, ni dans ses résultats nécessaires, ni surtout dans les moyens de les organiser et de leur donner de la stabilité. Aujourd'hui même nous ne sommes guère plus avancés ; seulement, les excès dont nous avons été constamment les victimes depuis quarante ans nous ont rendus plus circonspects, plus défians, et nous ont prémunis contre les exagérations les plus dangereuses et les plus violentes ; mais dans quel torrent d'erreurs nous sommes toujours abîmés! combien nous sommes loin de la vérité! Parviendrons-nous jamais à la découvrir?

Cette vérité est l'objet de mes recherches et de ces Etudes. Il ne s'agit pas ici d'une vaine curiosité, les destinées de l'Europe, et plus particulièrement celles de la France, y sont attachées; il s'agit de fonder rationnellement un nouvel état de choses, l'entreprise la plus audacieuse que l'on ait jamais tentée. L'on n'y parviendra pas avec la plupart des idées que l'on regarde aujourd'hui comme des principes. On marchera d'événemens en événemens, de culbute en culbute, jusqu'à ce qu'on retombe, par l'anarchie, sous l'empire de la force, refuge des peuples à la suite de leurs propres égaremens.

CHAPITRE II.

Mesures de sûreté, de crédit, etc.

Les deux grandes factions qui tourmentent la France depuis quarante ans ont été plus ou moins comprimées; souvent, et tour à tour, elles ont été vaincues, mais jamais détruites. Il importe de bien saisir le caractère propre à chacune de ces deux causes de perturbation.

L'*anarchie démagogique* a toujours offert plus de danger que l'*anarchie royaliste* ou *aristocratique*, par la raison que la première est l'excès ou l'exagération, en même temps que la corruption des principes de la révolution. Or, par cela même, elle agit plus puissamment sur les mauvaises passions, sur l'ignorance, l'ambition, la cupidité et la misère; elle a pu trouver à toutes les époques une force redoutable et subversive dans les égaremens des masses populaires dont elle prétend servir la cause, et cela au nom d'une révolution qu'elle n'a cessé de compromettre et de souiller.

L'anarchie aristocratique est à la vérité plus avisée, plus riche, mais elle est plus timide; elle n'a point d'appui dans la population, sauf celui qu'elle a reçu du fanatisme dans quelques contrées, et même alors ce n'est pas, à proprement parler, pour sa cause qu'on s'est battu.

Une autre raison qui rend l'anarchie démagogique si dangereuse, vient de ce que les nuances qui la séparent des véritables principes de la révolution sont trop souvent insaisissables pour un grand nombre d'esprits, parmi lesquels il s'en trouve qui ne sont cependant ni sans lumières, ni sans talens; d'où il résulte que l'anarchie trouve un appui et une sorte d'autorité dans des hommes qui, au fond et d'après leurs intentions, lui sont entièrement opposés; elle se fortifie donc de tout ce qui ferait la force d'une opinion saine et nationale.

L'anarchie aristocratique ne peut tromper personne, ni sur sa nature, ni sur ses desseins.

Une troisième cause qui sert à merveille

l'anarchie démagogique, se trouve dans cette foule d'idées fausses sur l'ordre politique et administratif dont sont imbus les hommes qui veulent avec le plus de sincérité un ordre de choses régulier et stable, d'où il résulte que des mesures qu'ils regardent comme les plus salutaires vont précisément contre le but qu'ils se proposent d'atteindre.

Il suit de cette dernière observation, que la faction démagogique n'a trouvé, dans tous les temps, d'obstacle que quand ses excès ont exigé une répression qui n'a pas toujours réussi; et encore, l'instant d'après, elle retrouvait des défenseurs, et je dirais volontiers des complices dans les esprits égarés qui l'avaient enhardie sans oser la soutenir.

Les faits que j'ai rappelés jusqu'ici ont démontré à quel degré d'exaltation elle était montée au moment où ses violences et ses fureurs avaient rendu nécessaire l'événement du 18 brumaire, qui avait amené l'établissement du consulat provisoire.

Tous les élémens de l'anarchie rugissaient autour de cette autorité naissante ; on annonçait de toutes parts les projets les plus sinistres.

Ce fut dans cette situation, au moins prévue par la loi du 18 brumaire, qui chargeait les consuls provisoires de prendre toutes les mesures qui seraient jugées nécessaires à la sûreté de l'Etat, que, pour assurer la tranquillité publique, ils arrêtèrent la déportation de cinquante-neuf des principaux meneurs : trente-sept à la Guyane, vingt-deux à l'île d'Oleron. Le 13, on ordonna encore quelques arrestations.

Ces mesures firent sur l'opinion une impression fâcheuse, d'autant plus que dans le nombre on avait compris des noms, tels que celui du général Jourdan, vainqueur de Fleurus, qui rappelaient des souvenirs chers à la patrie.

Ici, voyez ce que sont des révolutions qui bouleversent également les têtes et les Etats. Le général Jourdan n'était assurément pas un homme mal intentionné, c'était même un fort brave homme, que j'ai beaucoup connu ; mais chez lui, quelle opiniâtreté dans des doctrines démontrées fatales et par le raisonnement et par les faits ! Et cependant, d'après l'idée qu'on avait de sa sincérité, d'après l'autorité que lui donnaient ses services, il était devenu l'un des hommes les plus dangereux dans ces pénibles circonstances. Quoi faire donc, quand le salut public ne permettait pas l'indulgence, au moins pour le moment ?

Le décret de déportation fut révoqué le 25 du même mois, et les déportés furent seulement placés sous la surveillance de la haute police. Napoléon dit : « Les anarchistes, frap » pés à leur tour de terreur, se dispersèrent;- » c'était tout ce qu'on voulait, et peu de temps » après, le décret de déportation fut converti » en une simple mesure de surveillance, qui » cessa bientôt elle-même. Le public s'attribua » le rapport de ce décret : on crut que l'ad- » ministration avait rétrogradé ; on eut tort, » elle avait atteint son but. »

Le 16 novembre, une loi, c'est-à-dire un acte émané des deux commissions législatives et des consuls provisoires, prescrit, dans les termes suivans, la formule du serment à prêter par les fonctionnaires publics : « Je jure » d'être fidèle à la république une et indivi- » sible, fondée sur la liberté, l'égalité, le sys- » tème représentatif. » Ce serment vague était tout ce qu'il pouvait être dans un état de choses provisoire.

La loi du 28 juin, sur l'emprunt forcé et *progressif* de cent millions, fut remplacée par une contribution de guerre de 25 p. 100 sur les contributions directes.

Un emprunt *forcé* et *progressif* est tout-à-fait dans le génie révolutionnaire, démagogique et économique, comme l'entendent la plupart des économistes. Il semble aux partisans de cette espèce de philantropie à rebours, que la richesse existe par elle-même, et soit fixée dans certaines mains privilégiées d'une manière irrévocable. Dans toutes les crises populaires, et à toutes les époques désastreuses, l'on a reproduit ces déplorables doctrines toujours comme une découverte et comme un remède à tous les maux, comme un moyen d'assurer le bonheur des classes pauvres; l'essai qu'on en fit alors, ainsi que tous les essais du même genre, détruisit la confiance, fit resserrer toutes les bourses, et devint à l'instant une cause de désolation, une source de ruine.

La loi du 18 juillet, sur les otages, pesait

sur près de deux cent mille individus, dont un grand nombre avaient été jetés dans les prisons. Cette loi fut abolie le 13 novembre

On apporta beaucoup d'adoucissement aux lois sur les émigrés et à celles sur les prêtres.

Ce fut par suite de ces dispositions bienveillantes que Lafayette, Latour-Maubourg, Bureau de Puzy, etc., purent rentrer en France.

Des hommes de tous les partis, même parmi ceux qui avaient marqué comme contre-révolutionnaires, furent appelés à divers emplois. A la sollicitation d'un ambassadeur, qui avoua connaître le comité des agens des Bourbons à Paris, Napoléon entra en négociation avec eux. « C'était, disait Napoléon, le règne d'un » gouvernement fort et au-dessus des fac- » tions. » Il ajoutait : « J'ai ouvert un grand » chemin; qui marchera droit sera protégé, » qui se jettera à droite ou à gauche, sera » puni. »

Les émigrés naufragés à Calais le 14 octobre 1795, et détenus depuis cette époque sous le coup qui les menaçait, dont la vie avait été à plusieurs reprises mise en question, sont déportés par un arrêté des consuls provisoires, en date du 9 décembre.

Par une loi du 16 du même mois, l'école polytechnique fut réorganisée sur des bases plus étendues. Napoléon avait senti tout le parti qu'il pouvait tirer de cette pépinière d'hommes habiles, pour ses vues ultérieures. Monge eut une grande part à ce travail.

A cette époque nous sommes forcés d'évacuer la rive gauche du Rhin, malgré les efforts du général Lecourbe pour reprendre Philisbourg.

Le général Gouvion Saint-Cyr parvient à conserver Gênes en battant, à Montefaccio, Klénau, bien supérieur en nombre.

Les diverses mesures que je viens de rappeler commençaient une tendance inconnue jusque là, et qui fit sur les esprits une impression tout-à-fait opposée, selon qu'ils étaient disposés pour ou contre l'événement qui les avait préparées. Les gens d'affaires y prirent tout de suite confiance : la rente désignée sous le nom de *tiers consolidé*, aujourd'hui *cinq pour cent*, qui, au moment de l'événement, était à 11 fr. 30 c., s'éleva à 22 fr. Les hommes politiques, royalistes comme patriotes, n'y virent que des symptômes de contre-révolution, que des motifs de crainte ou d'espérance.

Dans cet état de choses, les gens d'affaires seuls avaient raison; ils apercevaient dans ces préliminaires la marche que doit suivre tout gouvernement pour remplir sa mission, et les premiers élémens d'une force sans laquelle il n'y a point de gouvernement. Arrêtons-nous un moment sur cette observation.

Toutes les mesures qui tendaient à comprimer les factions, à calmer les haines, à rapprocher les esprits, à vaincre les résistances, étaient sages. Plusieurs d'entre nous en avaient senti le nécessité; mais rien de semblable n'eût pu être fait par nous, et encore moins par un gouvernement placé sous la férule des conseils; de telles propositions l'eussent fait mettre en accusation. Je dirai plus tard cependant en quoi elles furent portées trop loin.

Il y a plus : ce n'était pas seulement ces mesures en elles-mêmes qui produisaient un heureux effet, c'était surtout l'esprit qui les dictait : on y voyait un dessein, un plan, tout un système, et les moyens de le soutenir, au lieu que l'état de choses d'où l'on sortait n'offrait qu'un chaos, que le désordre après le désordre. Pourquoi cette immense différence, que des écrivains irréfléchis attribuent toujours aux hommes, quand elle appartient à une organisation vicieuse ? C'est que dans le gouvernement nouveau il y avait un chef unique, c'est que dans les vues d'un chef il y a une volonté, une unité, une suite, qui tiennent d'abord au désir de se faire considérer, ensuite de se maintenir ; il y a des lumières, et plus ou moins l'intelligence de sa conservation. Au contraire, dans un corps délibérant nombreux, il y a ignorance dans la majorité, absence de ce sentiment, de cette intelligence qui compare, raisonne, combine de grands intérêts, et se met, pour les servir, au-dessus des apparences comme des préventions vulgaires; il y a encore bien moins dans tous les temps, mais surtout lorsque les passions les plus violentes dominent dans ces corps, il y a, dis-je, bien moins encore de cette bienveillance qui tend à calmer, à rapprocher, à unir; au contraire, tout y est défiance, animosité, haine.

Une assemblée délibérante, contenue dans des attributions bien déterminées, sera utile comme contrôle, comme frein contre l'arbitraire, comme expression des besoins partiels, et cependant pas toujours compris de la société ; comme juge des faits accomplis, et encore souvent s'y trompera-t-elle ; mais jamais comme apte à concevoir de grandes choses, ni même les plus petites, pour peu qu'elles exigent d'expérience et de réflexion.

Aussi, toutes les fois qu'un gouvernement sera sous l'influence et le joug d'une assemblée délibérante, n'en attendez que désordres, anarchie et bouleversemens : ce sera chose bien plus déplorable si à ces influences se joint celle d'une presse factieuse et furibonde, des clubs, avec des électeurs placés sous ces désolantes inspirations.

A peine le gouvernement nouveau, tout provisoire qu'il est, a-t-il pris ce caractère au milieu des factions qui semblaient devoir l'accabler, que tout change de face, au grand étonnement de tous. Indépendamment des mesures que je viens de rappeler, toutes les parties de l'administration avaient reçu une impulsion qui se fit sentir en un instant sur tous les points du territoire ; l'aspect de l'ordre et de la soumission aux lois était une nouveauté et l'objet d'une sorte de curiosité ; car, sous le nom de liberté, on avait conçu tant de folies, qu'on n'avait plus aucune idée des élémens qui peuvent et doivent constituer un gouvernement.

CHAPITRE III.

Constitution de l'an VIII.—Analyse d'après Napoléon.
—Observations.

La plupart de ces mesures, qui n'avaient pas un caractère égal de prévoyance, ni même d'équité, ni de juste appréciation des choses, ne laissaient pas que de jeter de l'inquiétude dans un grand nombre d'esprits, sans parler des anarchistes qui rugissaient, mais qui n'avaient plus ni point de réunion, ni tribune, ni même la faculté d'user de la presse à leur manière, et contre lesquels toutes les craintes et tous les moyens de répression étaient dirigés. Cependant cet état de choses n'était que précaire, et les espérances qui le soutenaient ne pouvaient que s'affaiblir.

Il y a plus. Une disposition de la loi du 19

brumaire portait que les deux conseils législatifs se réuniraient de plein droit le 1er ventôse (9 avril 1800); à la vérité, c'était encore un de ces leurres où se laisse prendre le commun des hommes, et à l'ombre desquels la politique arrange ses manœuvres et parvient à ses fins. Le but est grand, si l'on veut, même nécessaire; les moyens sont ignobles, honteux; dès-lors, il faut des esprits bien faits pour se plier à ces bassesses, que l'on décore du nom d'*habileté*, quand elles réussissent.

Dans cette position, on ne devait pas se laisser gagner par le temps, et le temps pressait. Aussi les commissions et les consuls travaillaient sans relâche à rédiger une constitution qui pût être proclamée et présentée à l'acceptation du *peuple*, de manière qu'à l'époque fatale la place fut prise sans retour. Napoléon n'avait pas fait le 18 brumaire pour remettre les choses sur le pied où il les avait prises, et se retrouver au milieu d'individus devenus d'autant plus furieux, auxquels cette fois il n'aurait pas échappé.

Ici était la grande difficulté. Les membres des commissions étaient à peu près tous imbus des idées du temps, et tous, ou au moins la presque totalité, croyaient encore à la république et voulaient la république. Le nouveau serment consacrait le système représentatif; l'on avait procédé, pour le choix des fonctionnaires, par l'élection, et l'on ne voyait pas d'autres moyens de procéder. Napoléon lui-même convient, comme on le verra tout-à-l'heure, qu'ayant été jusque là étranger aux assemblées, il n'avait sur ces questions aucune idée arrêtée; mais il méditait intérieurement et voulait le rétablissement d'une monarchie, et probablement il était le seul qui eût cette pensée. Il était donc seul contre tous; il fallait bien encore user de ruse et laisser organiser une espèce de république, mais en y plaçant adroitement le germe d'une monarchie.

D'après ce que l'on avait entendu des conceptions politiques de Sieyès, on croyait y voir quelques idées nouvelles, quoique l'on n'en sût que très-peu de chose, et encore de la manière la plus vague. Quant à moi, qui l'ai beaucoup fréquenté (il est vrai que c'était en 1793), il ne m'a jamais fait aucune confidence sous ce rapport. Il attaquait tout ce que l'on faisait alors, avec beaucoup d'esprit, parce qu'il en avait beaucoup, et force épigrammes; il avait souvent raison; mais ce n'est que par des on dit que j'ai pu connaître quelques-unes de ses vues sur une organisation politique. Ainsi, on parlait d'un *gouvernement pyramidal,* qui, conséquemment, devait se terminer en *pointe*, et cette pointe donnait de l'inquiétude, parce qu'on croyait y voir une royauté. Ce n'était cependant pas cela. On souriait au mot de RÉTOTALE, qu'il substituait à celui de *république*, pour mieux désigner, selon lui, une organisation politique qui embrassât toute la population. Soit instinct, soit par suite d'une observation exacte des faits dont il avait été témoin, on peut juger qu'il avait remarqué dans ce qui avait existé jusque là trois causes principales des désordres et des catastrophes qu'avait subis la France : 1° la mobilité des élections; 2° un gouvernement multiple ou composé de plusieurs têtes; 3° une société sans organisation.

J'ai déjà parlé d'élections; j'y reviens encore, et ce ne sera probablement pas la dernière fois, tant est désastreux le rôle qu'elles ont joué dans notre histoire politique.

Les élections renferment-elles en elles-mêmes un principe de destruction, comme on pourrait le croire par le sort qu'ont éprouvé, dans tous les temps, les institutions auxquelles on en a fait l'application, ou bien ne sont-elles nuisibles qu'à raison de circonstances passagères et particulières au moment où l'on se trouve? Voilà sur quoi il est bien difficile d'avoir un avis. Le fait est que les élections avaient amené successivement toutes les catastrophes que nous avions subies.

Le premier besoin d'un peuple, et surtout dans nos temps modernes, où toutes les existences reposent sur une confiance générale dans ces mêmes institutions, et qui, si ces institutions sont bien conçues, loin de nuire aux améliorations, les favorisent et en assurent le succès, le premier besoin d'un peuple, dis-je, est la stabilité, sans laquelle il n'y a que désordre, et par conséquent misère.

Lorsque les factions se disputent le terrain, excitées qu'elles sont par les plus violentes passions, et placées entre la guerre civile et la guerre étrangère, il est bien difficile qu'au milieu de tels élémens, l'élection ne soit pas un grand danger, et il est impossible qu'elle soit un moyen de stabilité.

Ainsi que je l'ai dit bien des fois, on ne doit pas considérer comme une faction l'opinion nationale, l'opinion qui voulait et qui a toujours voulu un gouvernement régulier; mais les bons citoyens eux-mêmes, qui professaient cette opinion, et qui étaient d'accord sur le but, ne l'étaient nullement sur les moyens d'y parvenir, de manière que les deux factions implacables, qui combattaient l'ordre établi ou à établir, trouvaient dans ces dissidences une force qui portait les résultats de l'élection tantôt vers une extrémité, tantôt vers l'autre, et rarement vers cette opinion qui seule était vraiment nationale.

Dans cette position, où retrouver l'ordre à établir, ou qu'on venait d'établir? L'élection, déjà si périlleuse par elle-même, si vacillante par sa nature, n'avait plus ni guide ni but bien évident; car l'élection, pour être salutaire, ne doit avoir pour but et ne donner comme résultat que la conservation du gouvernement établi.

Mais les élections ont été souvent faites dans un sens opposé, ou au moins dans un sens qui n'était pas celui vers lequel elles eussent dû être dirigées; d'une autre part, les élus sont rarement restés dans l'esprit du mandat général qui leur avait été donné : deux conditions sans lesquelles il n'y a rien de stable, rien de sacré.

Jugeons de ce qui s'est passé, d'après ces règles.

L'Assemblée constituante avait mandat pour détruire les abus, mais elle n'avait pas mandat pour détruire la monarchie; cependant elle ne se contenta pas d'examiner quels pouvaient être les abus qu'elle devait réformer, elle voulut faire prévaloir et elle fit prévaloir des systèmes inconciliables avec la monarchie : dèslors elle se trouva en dehors de sa mission. Les élus n'étaient pas restés dans l'esprit et la limite de leur mandat.

Une assemblée, quelque nationale qu'elle soit, ne sera jamais la nation; il y a des antécédens qu'il faut savoir respecter, sans quoi on tombe dans le vague et dans l'arbitraire.

L'Assemblée constituante n'avait pas mission pour consacrer le principe de la souveraineté du peuple; mais, en admettant ce principe comme une vérité, elle n'en était pas investie, comme elle le prétendit, et ce fut la grande source de ses erreurs; au moins l'interprétat-t-elle dans ce sens, et avec la réserve qui pouvait se concilier avec son mandat.

Le principe de la souveraineté du peuple dépossédait la famille régnante de ce qu'elle regardait comme son droit de propriété sur le territoire et sur ses habitans; mais elle ne dépossédait pas, elle ne pouvait pas déposséder la royauté des droits de la société sur les individus, droits dont elle était investie, et dont, pour la sûreté et la conservation de tous, elle devait rester investie.

Le titre de représentant du peuple n'a jamais conféré la souveraineté, à moins que ce ne soit sous la Convention nationale, dont je parlerai tout-à-l'heure; mais nullement sous l'Assemblée constituante, et encore moins sous aucune assemblée dans un ordre constitué. Sous l'Assemblée constituante il ne conférait qu'un droit à la confection de la loi, par conséquent à la réforme des abus; mais, comme je viens de le dire, les limites de ce droit furent bientôt enfreintes.

Ainsi, dès le principe, l'élection fut faussée dans toutes ses conséquences par les usurpations de l'assemblée. Je sais qu'on répondra qu'il y avait des abus tels, qu'ils ne pouvaient être détruits que par la violence. Cette assertion, en l'admettant comme fondée, ne prouve autre chose, sinon que l'assemblée avait franchi toutes les bornes : on peut la justifier par la force des circonstances ; mais le désordre dans lequel elle s'est jetée n'en expliquera pas moins tous les maux qu'elle a laissés après elle, et c'est dans ses entreprises sans mesure, comme dans leurs conséquences, que se trouvent les leçons que nous cherchons.

L'élection pour l'Assemblée législative fut faite dans la vue de combattre l'étranger et les résistances du roi ainsi que celles de la cour, et nullement dans un esprit de conservation de l'ordre de choses établi par l'Assemblée constituante. L'esprit d'anarchie, dont plusieurs membres de cette dernière assemblée avaient fait paraître quelques symptômes, se développa sous la législative d'une manière beaucoup plus sensible. Les trois grandes divisions d'opinions qui existent encore se dessinèrent de la manière la plus évidente.

Dans l'effroyable chaos où se trouva la France après l'événement du 10 août, placée entre la guerre civile et la guerre étrangère, sans guide, sans frein, au milieu du déchirement le plus effréné, des passions les plus violentes, livrée aux idées les plus exagérées et les plus extravagantes, l'élection pour la Convention fut faite en dehors de toutes les règles; elle se résumait, quant au mandat, dans ce peu de mots : « Sauvez la patrie, sauvez la liberté, » sauvez l'ordre social. » Mais cette pensée prit autant de formes qu'il y avait d'individus appelés sur ce grand et redoutable théâtre : de là les collisions, les débats cruels, les catastrophes sanguinaires, les proscriptions, les faits de gloire immortelle qui remplirent cette période de trois années d'opprobre et de triomphes.

Par ses décrets des 5 et 13 fructidor, la Convention nationale avait fixé l'élection des conseils dans les deux tiers de ses membres, détermination bien remarquable, puisqu'elle valut à la France près de deux ans de repos; les suites de cette résolution prouvèrent contre la mobilité des élections; car, sans cette prévoyance, des élections faites sous les auspices de vendémiaire eussent amené un bouleversement probablement sans remède.

Le temps qui s'écoula de brumaire an IV jusqu'en fructidor an V donna aux hommes de la révolution le temps de se reconnaître, et au gouvernement celui de prendre quelque consistance; mais la licence de la presse et sa liberté indéfinie, dont on jouissait, c'est-à-dire l'absence de toute vraie liberté, permit à l'une des deux grandes factions, l'anarchie royaliste, d'organiser les élections de l'an V, qui furent préparées et faites dans une vue de renversement; et si l'élection ne renversa pas en effet le gouvernement, elle lui porta un coup dont il ne put se relever.

L'élection de l'an VI, loin d'avoir pour but de conserver la constitution de l'an III, ne se proposa, en grande partie, qu'une crise anarchique, un coup d'état. La loi du 22 floréal put seule en paralyser momentanément les résultats; mais en l'an VII l'anarchie triompha, et le 18 brumaire put seul y mettre un terme.

On peut conclure que depuis le commencement de la révolution, l'élection n'eut jamais lieu dans un esprit de conservation, et que presque toujours elle fut dirigée dans un sens tout-à-fait contraire.

Il était impossible que ce danger, attaché à la mobilité de l'élection qui avait constamment et exclusivement servi les deux factions qui se disputaient la France, n'eût pas fait la plus vive impression sur les membres qui composaient la commission, et sur l'esprit naturellement méditatif de Sièyes.

On peut encore induire de ses plans, qu'il avait dû remarquer que, par suite des événemens, il n'y avait plus dans la société aucun élément d'ordre et de subordination; qu'elle n'offrait qu'un pêle-mêle d'où résultait une tendance démagogique inconciliable, je ne dirai pas avec la stabilité d'un gouvernement, mais même avec la sûreté individuelle. On voit qu'il avait voulu reconstituer des classes qui ne fussent pas des castes, des classes sans distinction personnelle, par masses, et uniquement pour l'accomplissement, sans hérédité, des diverses fonctions politiques et civiles auxquelles on devait pourvoir par l'élection.

Toute la théorie de Sièyes consiste donc à prévenir le danger de l'élection, et à réorganiser, autant que possible, la société en France.

Voici comment Napoléon s'explique dans ses Mémoires sur la discussion à laquelle donnèrent lieu les propositions de Sièyes :

« Le comité s'attendait à prendre connais-
» sance de son projet de constitution (de
» Sièyes) tant médité; il pensait n'avoir à
» s'occuper que de le réviser, le modifier et le
» perfectionner par des discussions profondes;
» mais à la première séance Sièyes ne dit rien ;
» il avoua qu'il avait beaucoup de matériaux
» en porte-feuille, mais qu'ils n'étaient ni clas-
» sés ni coordonnés. A la séance suivante il
» lut un rapport sur les listes de notabilité. La
» souveraineté était dans le peuple; c'était le
» peuple qui devait directement ou indirecte-
» ment commettre à toutes les fonctions. Or
» (ajoute Napoléon), le peuple, qui est merveil-
» leusement propre à distinguer ceux qui mé-
» ritent sa confiance, ne l'est pas à leur assigner
» le genre de fonctions qu'ils doivent occuper. »
Je prendrais presque la liberté de dire qu'il n'est guère mieux avisé dans le premier cas que dans le second. Napoléon continue : « Il
» établissait trois listes de notabilité : 1° com-

» munale; 2° départementale; 3° nationale.

» La première se composait du dixième de
» tous les citoyens de chaque commune, choisis
» par les habitans et parmi les habitans eux-
» mêmes. » C'était le seul choix direct que présentât cette théorie ; la deuxième liste était formée du dixième des citoyens portés sur les listes communales; la troisième, du dixième des individus inscrits sur les listes départementales. Cette dernière liste se réduisait à six mille individus, et elle formait la notabilité nationale. Cette opération devait se faire tous les cinq ans; tous les fonctionnaires publics de tous les ordres devaient être pris sur ces listes, savoir : le gouvernement, les ministres, la législature, le sénat ou le grand jury (l'institution qui reçut le nom de sénat se nommait, dans les plans de Sièyes, JURY CONSTITUTIONNAIRE), le conseil d'état, le tribunal de cassation et les ambassadeurs, sur la liste nationale; les préfets, les juges, les administrateurs, sur les listes départementales; les administrations communales, les juges de paix, sur les listes communales. Par là tout fonctionnaire public, les ministres même, seraient représen-

tans du peuple, auraient un caractère populaire.

« Ces idées eurent le plus grand succès : ré-
» pandues dans le public, elles firent concevoir
» les plus heureuses espérances. »

Ces idées purent produire cet effet parmi les individus qui entouraient Napoléon; mais je me crois fondé à assurer que le public ne s'en occupa nullement : on ne songeait qu'au passé pour se réjouir d'en être sorti, et, pour l'avenir, on s'en rapportait, sans s'en inquiéter, à ce que ferait la commission, et surtout Napoléon.

« Elles (ces idées) étaient neuves, et l'on était
» fatigué de tout ce qui avait été pratiqué depuis
» 1789; elles venaient d'ailleurs d'un homme
» qui avait une grande réputation dans le parti
» républicain; elles paraissaient une analyse de
» ce qui avait existé dans tous les siècles. Ces
» listes de notabilité étaient des espèces de listes
» de noblesse non héréditaire, mais de choix.
» Cependant, des gens sensés virent tout d'a-
» bord le défaut de ce système, qui gênerait le
» gouvernement en l'empêchant d'employer
» un grand nombre d'individus propres aux
» fonctions, parce qu'ils ne seraient pas sur les
» listes nationales, départementales, commu-

» nales. Cependant le peuple serait privé de
» toute influence directe dans la nomination
» de la législature; il n'y aurait qu'une partici-
» pation fort illusoire et toute métaphysique. »

Cette analyse offre des vues qui exigent de ma part les plus sérieuses observations; mais je ne les ferai que lorsqu'elle sera entièrement terminée. Napoléon continue :

« Encouragé par ce succès, Sièyes fit con-
» naître dans les séances suivantes la théorie de
» son jury constitutionnel (constitutionnaire),
» qu'il consentait à nommer *sénat conserva-*
» *teur*. Il avait cette idée dès la constitution de
» l'an III; mais elle avait été repoussée par la
» Convention. » (Napoléon veut dire apparemment par le comité de constitution de la Convention : elle ne fut point présentée à cette assemblée; je crois même me rappeler que ce fut le rejet d'une de ces propositions qui porta Sièyes à abandonner le comité dont il était membre.) « La constitution, disait-il (Sièyes),
» n'est pas vivante; il faut un corps de juges en
» permanence, qui prenne ses intérêts et l'in-
» terprète dans tous les cas douteux. Quelle
» que soit l'organisation sociale, elle sera com-

» posée de divers corps; l'un aura le soin de
» gouverner, l'autre le soin de *discuter et de*
» *sanctionner les lois.* Ces corps, dont les attri-
» butions seront fixées par la constitution, se
» choqueront souvent et l'interpréteront diffé-
» remment; le jury national sera là pour les
» raccorder et faire rentrer chaque corps dans
» son orbite.

» Le nombre des membres fut fixé à quatre-
» vingts, au moins âgés de quarante ans. Ces
» quatre-vingts juges, dont la carrière était ter-
» minée, ne pourraient plus occuper aucune
» fonction publique. Cette idée plut générale-
» ment et fut commentée de diverses manières;
» les sénateurs étaient à vie, c'était une nou-
» veauté depuis la révolution, et l'opinion sou-
» riait à toute idée de stabilité; elle était fati-
» guée des incertitudes et de la variété qui
» s'étaient succédé depuis dix ans.

» Peu après il fit connaître sa théorie de la
» représentation nationale. Il la composait de
» deux branches : un corps législatif de deux
» cent cinquante députés, ne discutant pas,
» mais qui, semblable à la grand'chambre du
» parlement, voterait et délibérerait au scrutin;

» un tribunat de cent députés qui, sembla-
» ble aux enquêtes, discuterait, rapporterait,
» plaiderait contre les résolutions rédigées
» par un conseil d'état nommé par le gou-
» vernement, qui se trouverait investi de la
» prérogative de rédiger les lois. Au lieu d'un
» corps législatif turbulent, agité par des fac-
» tions et par ces motions d'ordre si intempes-
» tives, on aurait un corps grave, qui délibére-
» rait, après avoir écouté une longue discussion,
» dans le silence des passions. Cependant le tribu-
» nat aurait la double fonction de dénoncer au
» sénat les actes inconstitutionnels du gouverne-
» ment, même les lois adoptées par le corps lé-
» gislatif; et à cet effet le gouvernement ne
» pourrait les proclamer que dix jours après
» leur adoption par le corps législatif. Ces idées
» furent accueillies favorablement du comité
» et du public. » (J'ai déjà dit ce qu'il fallait
entendre ici par public.) « On était si ennuyé
» des bavardages des tribunes, de ces intempes-
» tives motions d'ordre qui avaient fait tant de
» mal et si peu de bien, et d'où étaient nées tant
» de sottises et si peu de bonnes choses, que l'on

» se flatta de plus de stabilité dans la législation,
» et de plus de tranquillité et de repos : c'était
» ce que l'on désirait.

» ..... Le moment vint enfin où Sièyes fit con-
» naître l'organisation de son gouvernement;
» c'était le chapiteau, la portion la plus im-
» portante de cette *belle* architecture, et dont
» l'influence devait être le plus sentie par le peu-
» ple. Il proposa un *grand électeur à vie*, choisi
» par le sénat conservateur, ayant un revenu de
» six millions, une garde de trois mille hommes,
» et habitant le palais de Versailles. Les ambas-
» sadeurs étrangers seraient accrédités près de
» lui; il accréditerait les ambassadeurs et mi-
» nistres français dans les cours étrangères. Les
» actes du gouvernement, les lois, la justice, se-
» raient rendus en son nom; il serait le seul re-
» présentant de la gloire, de la puissance, de la
» dignité nationale; il nommerait deux consuls,
» un de la paix, un de la guerre; mais là se bor-
» nerait toute son influence sur les affaires ; il
» pourrait, il est vrai, destituer les consuls et les
» changer, mais aussi le sénat pourrait, lorsqu'il
» jugerait cet acte arbitraire et contraire à l'in-

» térêt national, *absorber le grand électeur.*
» L'effet de cette absorption équivaudrait à
» une destitution, la place devenait vacante;
» le grand électeur prenait place dans le sénat
» pour le reste de sa vie.

» Napoléon avait peu parlé dans les séances
» précédentes; il n'avait aucune expérience des
» assemblées, il ne pouvait que s'en rapporter à
» Sièyes, qui avait assisté aux constitutions de
» 1791, 93, 95; à Daunou, qui passait pour un
» des principaux auteurs de cette dernière; en-
» fin, aux trente ou quarante membres des com-
» missions, qui tous s'étaient distingués dans la
» législature, et qui prenaient d'autant plus d'in-
» térêt à l'organisation des corps qui devaient
» faire la loi, qu'ils étaient appelés à faire partie
» de ces corps; mais le gouvernement le regar-
» dait, il s'éleva donc contre des idées si ex-
» traordinaires. « Le grand électeur, disait-il,
» s'il s'en tient strictement aux fonctions que
» vous lui assignez, sera l'ombre, mais l'ombre
» décharnée d'un roi fainéant.» (C'est tout-à-fait
le roi qu'on veut nous donner aujourd'hui au
nom du gouvernement représentatif.) « Con-
» naissez-vous un homme d'un caractère assez

» vil pour se complaire dans une pareille sin-
» gerie? » (On prétend qu'il poussa à Sièyes un argument d'une bien autre force, mais peu convenable dans une pareille discussion : les Mémoires n'en parlent pas, et je dois en faire l'observation.) « S'il abuse de sa pré-
» rogative, vous lui donnez un pouvoir ab-
» solu. Si, par exemple, j'étais grand élec-
» teur, je dirais, en nommant le consul de la
» guerre et celui de la paix : Si vous faites un
» ministre, si vous signez un acte sans que je
» l'approuve, je vous destitue. Mais, dites-vous,
» le sénat, à son tour, absorbera le grand élec-
» teur : le remède est pire que le mal : per-
» sonne, dans ce projet, n'a de garantie. D'un
» autre côté, quelle sera la situation de ces deux
» premiers ministres? L'un aura sous ses ordres
» les ministres de la justice, de l'intérieur, de
» la police, des finances, du trésor ; l'autre, ceux
» de la marine, de la guerre, des relations ex-
» térieures. Le premier ne sera environné que
» de juges, d'administrateurs, de financiers,
» d'hommes en robes longues; l'autre, que d'é-
» paulettes et d'hommes d'épée; l'un voudra
» de l'argent et des recrues pous ses armées,

» l'autre n'en voudra pas donner. Un pareil
» gouvernement est une création monstrueuse,
» composée d'idées hétérogènes, qui n'offrent
» rien de raisonnable; c'est une grande erreur
» de croire que l'ombre d'une chose puisse tenir
» lieu de la réalité. »

» Sièyes répondit mal, fut réduit au silence,
» montra de l'indécision, de l'embarras. Ca-
» chait-il quelque vue profonde! Etait-il dupe
» de sa propre analyse? C'est ce qui sera tou-
» jours incertain. Quoi qu'il en soit, cette idée
» fut trouvée insensée. S'il eût commencé le dé-
» veloppement de tout son projet de constitu-
» tion par le titre de gouvernement, rien n'eût
» passé, il eût été discrédité tout d'abord; mais
» déjà il était adopté en partie, par la foi qu'on
» avait en lui.

» L'adoption des formes purement républi-
» caines fut proposée ; la création d'un prési-
» dent, à l'instar des Etats-Unis, le fut aussi;
» celui-ci aurait le gouvernement de la répu-
» blique pour dix ans, et aurait le choix de ses
» ministres, de son conseil-d'état et de tous les
» agens de l'administration; mais les circon-
» stances étaient telles, que l'on pensa qu'il fal-

» lait encore *déguiser la magistrature unique*
» du président. On concilia les opinions diver-
» ses en composant un gouvernement de trois
» consuls, dont l'un serait le chef du gouverne-
» ment, aurait toute l'autorité, puisque seul il
» nommait à toutes les places, et seul avait voix
» délibérative, et les deux autres ses conseillers
» nécessaires. »

Ces deuxième et troisième consuls étaient, comme on le dit dans le temps, les deux bras du fauteuil dans lequel le premier était assis. Malgré les *circonstances*, il y a là une conquête immense sur l'esprit du temps en faveur des idées monarchiques.

Je reprends le texte de Napoléon : il n'y a pas un mot à perdre dans ce que dit un homme tel que lui, au moment où il va se faire à lui-même de si hautes destinées, où il prépare à la France une gloire si éclatante et de si cruels revers.

« Avec un premier consul on avait l'avantage
» de l'unité dans la direction; avec les deux
» autres consuls, qui devaient nécessairement
» être consultés et qui avaient le droit d'inscrire
» leurs noms au procès-verbal, l'on conserverait
» l'unité et l'on ménagerait l'esprit républicain.

» Il parut que les circonstances et l'esprit pu-
» blic du temps ne pouvaient alors rien sug-
» gérer de meilleur. Le but de la révolution
» qui venait de s'opérer n'était pas d'arriver à
» une forme de gouvernement plus ou moins
» aristocratique, plus ou moins démocratique;
» mais le succès dépendait de la consolidation
» de tous les intérêts, du triomphe de tous les
» principes pour lesquels le vœu national s'é-
» tait prononcé unanimement en 1789. Napo-
» léon était convaincu que la France ne pouvait
» être que monarchique; mais le peuple fran-
» çáis, tenant plus à l'égalité qu'à la liberté, et
» le principe de la révolution étant fondé sur
» l'égalité de toutes les classes, il y avait absence
» absolue d'aristocratie. Si une république était
» difficile à constituer fortement sans aristocra-
» tie, la difficulté était bien plus grande pour
» une monarchie. Faire une constitution dans
» un pays qui n'aurait aucune espèce d'aristo-
» cratie, ce serait tenter de naviguer dans un
» seul élément. La révolution française a entre-
» pris un problème aussi insoluble que celui de
» la direction des ballons. »

Je crois devoir rappeler tout de suite ce que

dit Napoléon de l'une des grandes célébrités de la révolution.

» Sièyes eût pu, s'il l'eût voulu, obtenir la
» place de deuxième consul; mais il désira se
» retirer : il fut nommé sénateur, contribua à
» organiser ce corps, et en fut le premier prési-
» dent. En reconnaissance des services qu'il avait
» rendus en tant de circonstances importantes,
» les commissions législatives, par une loi, lui
» firent don de la terre de Crosne à titre de ré-
» compense nationale; il dit depuis à l'empe-
» reur : « Je n'avais pas supposé que vous me
» traiteriez avec tant de distinction, et que
» vous laisseriez tant d'influence aux consuls,
» qui paraissaient devoir vous importuner et
» vous embarrasser. » Sièyes était l'homme du
» monde le moins propre au gouvernement,
» mais essentiel à consulter; car quelquefois il
» avait des aperçus lumineux et d'une grande
» importance. Il aimait l'argent, mais il était
» d'une probité sévère, ce qui plaisait fort à
» Napoléon : c'était la qualité première qu'il
» estimait dans un homme public.

» Pendant tout le mois de décembre, la santé
» de Napoléon fut altérée. Ces longues veilles,

» ces discussions où il fallait entendre tant de
» sottises, lui faisaient perdre un temps pré-
» cieux, et cependant ces discussions lui inspi-
» raient un certain intérêt. Il remarqua que
» des hommes qui écrivaient très-bien, et qui
» avaient de l'éloquence, étaient cependant
» privés de toute solidité dans le jugement,
» n'avaient pas de logique et discutaient pitoya-
» blement; c'est qu'il est des personnes qui ont
» reçu de la nature le don d'écrire et de bien
» exprimer leurs pensées, comme d'autres ont
» le génie de la musique, de la peinture, de la
» sculpture, etc. Pour les affaires publiques,
» administratives et militaires, il faut une forte
» pensée, une analyse profonde, et la faculté
» de pouvoir fixer long-temps les objets sans en
» être fatigué. »

Napoléon parle ensuite de la nomination du deuxième et du troisième consul; il ne dit pas : Les commissions élurent, ou : Les trois consuls provisoires élurent, mais il dit en propres termes : « Napoléon choisit pour deuxième consul » Cambacérès, et pour troisième Le Brun. » Il explique ce qu'étaient ces deux hommes, l'un et l'autre assurément très-recommandables; puis il continue :

« La constitution de l'an VIII, si vivement
» attendue de tous les citoyens, fut publiée et
» soumise à la sanction du peuple le 13 décem-
» bre 1799, et proclamée le 24 du même mois :
» la durée du gouvernement provisoire fut
» ainsi de quarante-trois jours. »

Il y a confusion ici; la constitution à cette première époque fut seulement publiée; elle ne fut promulguée après acceptation, que le 7 février 1800.

« Les idées de Napoléon étaient fixées (c'est
» toujours lui qui parle); mais il lui fallait, pour
» les réaliser, le secours du temps et des événe-
» mens. L'organisation du consulat n'avait rien
» de contradictoire avec elles, il accoutumait
» à l'unité, et c'était un premier pas; ce pas
» fait, Napoléon demeurait assez indifférent
» *aux formes et aux dénominations des diffé-*
» *rens corps constitués.* Il était étranger à la
» révolution; la volonté des hommes qui en
» avaient suivi toutes les phases dut prévaloir
» dans des questions aussi difficiles qu'abstrai-
» tes. La sagesse était de marcher à la journée,

» sans s'écarter d'un point fixe, étoile polaire
» sur laquelle Napoléon va prendre sa direc-
» tion pour conduire la révolution au port où
» il veut la faire aborder. »

Arrêtons-nous sur ces bases nouvelles de l'organisation du gouvernement en France, et tellement nouvelles, qu'elles étaient en opposition absolue avec les idées reçues jusqu'alors; idées auxquelles on est revenu depuis, même sous la restauration.

On avait, dès le principe de la révolution, comme je l'ai déjà dit, regardé l'élection *populaire* comme devant être la base de l'édifice social, et ici tous les efforts sont dirigés vers les moyens, sinon de l'anéantir, du moins de la dénaturer, afin d'en prévenir les effets démontrés si déplorables par l'expérience.

Il y a eu dans tous les temps des élections en Angleterre; mais, outre qu'elles y ont amené d'horribles bouleversemens, elles auraient tout détruit cent fois si elles n'avaient pas rencontré de puissans obstacles dans des institutions fortes et préexistantes, dans une royauté qui avait ses racines au cœur même du pays, dans une religion dominante et un clergé puissant, dans une aristocratie non-seulement riche, mais formant héréditairement un des grands pouvoirs de l'Etat. On peut dire que là l'élection se débattait dans les cadres antérieurement formés d'une organisation formidable ; cependant on a souvent, pour la contenir et s'en emparer, été forcé d'employer des moyens de corruption et des intrigues qui en révélaient le danger.

Mais en France, aucun point d'appui pour les idées saines et les intérêts nationaux, pas le plus léger élément de stabilité, tout était abandonné aux intrigues et aux fureurs des factions qui ne rencontraient aucun frein, et cependant tout portait sur l'élection : cette ressource si terrible de l'anarchie.

Siéyes crut remédier à tout en établissant ses listes de notabilités qui constituaient une sorte d'hiérarchie par l'organisation de la population, en même temps qu'elles offraient, sans trop d'inconvénient, à l'élection un aliment toujours tout prêt et une certaine fixité. Aussi Napoléon dit-il : « Ces listes de notabilités » étaient des espèces de listes de noblesse non » héréditaire, mais de choix. Cependant les

» gens sensés virent tout d'abord le défaut de ce
» système, qui gênerait le gouvernement, en l'em-
» pêchant d'employer un grand nombre d'indi-
» vidus propres aux fonctions, parce qu'ils ne
» seraient pas sur les listes nationales, départe-
» mentales, communales. » Cette observation est
on ne peut mieux fondée ; mais ce qui est plus
remarquable dans la bouche de Napoléon,
c'est qu'il ajoute : « Cependant le peuple serait
» privé de toute influence directe dans la no-
» mination de la législature; il n'y avait qu'une
» participation fort illusoire et toute métaphy-
» sique. »

Nous verrons par la suite ce qu'il imagina
pour donner à cette participation plus de
réalité.

Sièyes s'était sans doute donné bien de la
peine pour trouver cette création de notabilités ; et, après l'avoir trouvée, il avait cru résoudre le grand problème d'une organisation nationale hiérarchique, qui maintenait cependant
l'égalité; il avait cru également, en créant son
grand électeur, ses deux consuls de la paix et
de la guerre, ses destitutions avec son absorption, prévenir l'arbitraire, le despotisme, et

répondre à cette crainte que l'on a toujours du pouvoir parmi nous.

Chose étrange! cette organisation était beaucoup plus exclusive, beaucoup plus oppressive que les deux corps privilégiés du régime détruit, dans lesquels, au bout du compte, des individualités, appartenant aux masses populaires, pouvaient s'introduire et s'introduisaient en effet tous les jours.

Ces listes de notabilités, une fois établies, eussent formé des castes en quelque sorte impénétrables, de manière que telle capacité propre à tel emploi aurait pu n'y parvenir jamais. Ici ce n'était pas seulement une caste privilégiée, c'étaient trois castes exclusives l'une de l'autre, et exclusives de tout le reste de la nation, qui n'y était pas compris. On dira que ce n'était que pour cinq ans : pour cinq ans soit! mais ces cinq ans se renouvelant sans cesse, l'inconvénient, sous le rapport de l'intérêt public, restait toujours le même.

A l'époque où nous nous trouvions, si ce système eût été mis en pratique, il eût pu arriver quelque chose de bien opposé à cette stabilité que l'on cherchait; la notabilité la plus élevée, la notabilité nationale, se serait trouvée composée des citoyens les plus notables, c'est-à-dire les plus riches, mais aussi et en même temps, des plus audacieux, de ces hommes connus par des opinions exagérées, par ces talens dangereux qui séduisent et égarent la multitude ; dans ce cas, le sénat n'aurait eu que le choix entre des contre-révolutionnaires et des anarchistes.

Il paraît qu'on ne s'aperçut pas trop alors que Napoléon, en renversant la sommité, le couronnement de l'édifice conçu par Sièyes, détruisit toutes les garanties que celui-ci avait imaginées contre les abus du pouvoir : ces garanties ainsi décomposées devinrent par la suite elles-mêmes des rudimens de despotisme.

Voilà donc, en définitive, quel est le fruit de tant de combinaisons, de tant de méditations : on se trouve dans un plus mauvais état qu'auparavant.

J'ai dû insister sur ces observations, parce qu'il en résulte que, par le fait, l'élection, qui avait toujours tout perdu, se trouve ici déplacée et dénaturée, sans qu'on en soit plus avancé, et qu'à son point de départ, l'autorité de Napoléon ne résulte qu'en apparence d'un ordre d'idées qui ne peut pas même recevoir d'exécution.

Cependant cette constitution a reçu la sanction qu'on appelle du peuple! triste condition des prétentions humaines! Un ordre d'idées délibéré par tout un peuple ne peut commander à la force des choses; parce que tout un peuple ne peut faire que ce qui est absurde en soi, soit praticable. C'est pourtant notre grande maladie du jour (1835), avec notre prétendu gouvernement des majorités : majorités ou minorités, ce n'est pas là qu'est la puissance qui peut créer et maintenir les gouvernemens.

A ce compte, dira-t-on, vous ne voulez donc pas d'élections; vous allez donc conclure qu'il ne faut d'élection ni de délibération dans aucun cas.

Pour le moment, je ne tire de ce que je viens d'exposer que deux conséquences qui me paraissent irrécusables : la première, que l'élection est une opération bien difficile à concevoir pour qu'elle ne soit pas nuisible, et pour qu'elle n'aille pas contre son but; la seconde, qu'à l'époque dont il s'agit, ni Sièyes, ni les commissions, ni Napoléon lui-même, n'avaient résolu la difficulté. Je pourrais ajouter que depuis, Napoléon, dans tout le cours de son règne, ne parvint pas à la résoudre. Il était bien impossible cependant qu'il laissât rien de stable avant d'avoir rempli cette condition. Je ne parle pas de la restauration, qui, tout en dénaturant l'élection, ne put la subjuguer entièrement.

Ainsi je ne rejette pas l'élection, parce que ce serait rejeter la révolution; mais je veux appeler l'attention des hommes réfléchis sur les aberrations qui l'ont pervertie, au point qu'elle a toujours tout détruit autour d'elle. En un mot, fixez-vous bien sur ce point, que l'élection vous donna un jour en majorité l'anarchie aristocratique, un autre jour l'anarchie démocratique, et que lorsqu'elle vous a donné des majorités plus raisonnables, elle a toujours présenté des minorités assez malfaisantes pour produire bien des maux.

Une des grandes causes des inconvéniens de l'élection, et vraisemblablement la cause première, peut-être même la seule, vient de ce que son application n'est pas suffisamment déterminée; et l'application n'en est pas suffisamment déterminée, parce qu'encore aujourd'hui (1835), comme alors, nous n'avons pas une idée juste, ou, pour parler plus exactement, nous n'avons que des idées fausses et incomplètes sur le gouvernement qui doit et qui peut nous régir.

Nous n'avons pas eu, à le bien prendre, depuis le commencement de la révolution, de pouvoir souverain avoué, légal; et avec ce que le pouvoir recevait d'attributions, il lui était impossible de remplir son office, c'est-à-dire de maintenir l'ordre. Quand une autorité forte s'est manifestée, sa force a été le produit de l'usurpation, et il n'y a que trois époques où l'on ait reconnu cette force. Le comité de salut public fut souverain, il régna, mais par la terreur. Il s'était investi lui-même de ce redoutable pouvoir en dispersant et en exterminant une partie des membres de la Convention. Napoléon, attirant tout à lui par un art qui lui était propre, établit ce singulier despotisme dont j'aurai assez d'occasions de présenter le caractère et les nuances; il se donna à lui-même les attributions qui firent la force de son gouvernement. Appuyée sur sa légitimité, laquelle procédait du droit divin et d'un droit de propriété qu'elle considérait comme inhérent à la famille régnante, malgré des principes tout-à-fait contraires, consacrés par nos lois, la restauration marchait avec confiance dans les voies qu'elle s'était ouvertes, de manière à imposer aux factions jusqu'au moment où, perdant toute mesure, elle fut renversée, non par les factions, mais par ses propres excès.

A l'instant où j'écris, nous sommes retombés dans le vague et l'incertitude, parce que le pouvoir suprême, le pouvoir souverain, c'est-à-dire la royauté, n'ose pas en quelque sorte s'avouer elle-même. Nous nous retrouvons, à peu de chose près, comme il nous est toujours arrivé lorsque tout le monde s'est cru maître, au milieu des doctrines et des prétentions les plus opposées; les uns veulent tout haut ce qu'ils appellent la *république ;* ils conspirent ouvertement, et à peu près toujours impunément, pour faire réussir leurs desseins; d'autres veulent aussi tout haut ce qu'on nomme la légitimité, c'est-à-dire la contre-révolution, et sont aussi en état permanent de conspiration. Les chefs de ces factions peuvent, sans obstacle, s'introduire dans les pouvoirs publics et s'y maintenir, tandis que des hommes très-constitutionnels d'intention, et qui croient que personne aussi bien qu'eux ne comprend le gouvernement représentatif, font tous leurs efforts pour placer, par le fait, l'autorité royale et ses ministres dans l'antichambre, pour me servir de l'expression de Napoléon, dans l'antichambre de la chambre des députés.

Ainsi, comme on voit, c'est toujours à recommencer, et des expériences si chèrement acquises sont absolument perdues pour nous.

Au milieu de telles agitations, le gouvernement ne peut qu'être flottant, et le produit des élections incertain. Tout est toujours en question, puisque les prétentions les plus opposées paraissent agir avec un droit égal, et qu'il n'y a guère qu'une chose qui soit évidente : c'est que le pouvoir doit fléchir devant ceux qui n'ont ni le droit, ni la science du commandement.

Nous sommes si loin des véritables idées d'ordre et de gouvernement, qu'on n'ose pas même se servir des expressions qui désignent d'une manière nette les caractères de l'autorité suprême. Ainsi on dira bien encore la *royauté*, d'autant plus qu'on a besoin de ce mot, et voici pourquoi : les gens qui ont conservé quelque pudeur, sont convenus, au moins tacitement, de respecter le roi ; mais les reproches, les leçons qu'on veut lui faire, et qu'on croit inconvenant de lui adresser directement, on les adresse à la royauté; ce qu'on croit bien plus régulier et plus constitutionnel : ainsi le mot royauté est toléré; mais si on disait l'autorité souveraine du roi, oh ! pour le coup, toutes les susceptibilités exclusivement patriotiques, libérales, seraient éveillées, et un houra poursuivrait bientôt le servile qui se serait ainsi exprimé.

Nous n'en serions pas probablement à ce point, si, au lieu de chercher par tous les moyens à affaiblir le pouvoir et à pervertir à cet égard toutes les idées, on avait cherché par tous les moyens à le rendre imperturbable et inattaquable, parce que le pouvoir suprême ou la royauté, c'est la société dans toute la force de sa puissance et de ses droits sur les individus. Louis XIV disait fort indûment dans son esprit de pouvoir absolu : « L'Etat, c'est moi. » Mais la société a le droit de dire dans son esprit de nationalité, où tout se rapporte à son bien-être, à sa puissance : « Le roi, c'est moi. » En effet, il n'y a de sécurité pour tous que dans cette force. Toute atteinte portée au pouvoir est une atteinte portée aux droits de la société, et toute atteinte portée aux droits de la société est un attentat contre la liberté, en même temps qu'un sujet d'alarme pour chaque individu qui n'est libre et en sûreté qu'à l'ombre d'une autorité souveraine inviolable.

Nous n'en serions pas là si Napoléon, qui s'est montré si habile à concentrer tous les pouvoirs dans ses mains, avait mis une égale habileté à les organiser d'une manière durable.

Les choses ainsi entendues, me dira-t-on, le gouvernement sera un despotisme sans frein. Non, si vous le soumettez à un contrôle, et le contrôle ne peut être que le produit de l'élection. Après avoir aboli les priviléges et tout ramené à l'égalité devant la loi, c'est là qu'en fait d'organisation et de garantie, se trouve toute la révolution. Remarquez d'abord que l'élection ne peut être appliquée qu'au contrôle; que le contrôle doit être organisé de manière à ne pouvoir jamais ni altérer, ni affaiblir, encore moins dénaturer les pouvoirs publics ; alors le but de l'élection ainsi déterminé, elle sera bien moins exposée à s'égarer : l'élection sera sans danger, parce qu'aux yeux de l'électeur son but sera clairement indiqué, et toute élection faite dans une autre vue irait se briser contre un pouvoir fortement établi.

Dans cette constitution de l'an VIII, on ne se contenta pas de proscrire l'élection directe, c'est-à-dire l'élection, et de mettre tous les choix dans les mains du gouvernement; la tribune des corps délibérans était encore un véritable sujet d'effroi pour Napoléon : « Qui » peut résister à une tribune? me disait-il un » jour. Aucun pouvoir ne peut résister à une » tribune. » On n'osa pas cependant la supprimer entièrement. D'ailleurs, la majorité des membres des commissions n'y aurait pas consenti; si on leur enlevait la réalité, il fallait au moins leur laisser l'image. C'était pour arriver à cette fin qu'on donna l'initiative des lois exclusivement au Conseil d'état. Le Corps législatif fut condamné à un silence absolu. On plaça ensuite une tribune dans un réduit qu'on appela Tribunat, puis une autre tribune

en face de ce corps de muets, qui ne pouvait que choisir entre les opinions du Tribunat et celles du Conseil d'état : encore ne fallait-il pas qu'ils mésusassent de cette faculté. C'est ce qui fit dire à Napoléon : « Ces idées furent ac-
» cueillies favorablement du comité et du pu-
» blic. (Encore une fois, il ne faut pas mettre dans cette affaire le public, qui ne s'en doutait pas.) On était si ennuyé du bavardage des
» tribunes, de ces intempestives motions d'or-
» dre qui avaient fait tant de mal et si peu de
» bien, et d'où étaient nées tant de sottises et
» si peu de bonnes choses, qu'on se flatta de
» plus de stabilité dans la législation et de plus
» de tranquillité et de repos : c'était là ce qu'on
» désirait. »

Quant au Sénat, c'était encore là une de ces idées spéculatives qui, telles que les avait conçues son auteur, s'effacent devant la pratique. Que pouvait un tel corps, privé de tout moyen d'action? Et s'il eût eu des moyens coërcitifs, quel autre corps aurait pu lui résister?

Dans le plan de Sièyes, un corps qui pouvait seul et sans aucun concours interpréter la constitution, était le maître de tout; c'eût été comme s'il n'y avait pas eu de constitution.

Dans le plan modifié par Napoléon, et dans les premiers momens de son existence, le Sénat conservateur faisait des nominations quand l'occasion s'en présentait, et il attendait, sur des inconstitutionnalités, des dénonciations à peu près impossibles; car peut-on dire que le Tribunat fût assez puissant pour dénoncer les actes du consul ou de son gouvernement? Ce corps était donc, à le bien prendre, sans objet, d'autant plus que, par l'établissement du consulat, son caractère avait été tout-à-fait dénaturé; mais ce corps, maintenant expectant, et qui n'offre qu'une sorte de superfétation, deviendra bientôt un terrible instrument dans la main du maître.

Ainsi, voilà une révolution complète dans la révolution; car ce n'était pas ce qu'on pouvait appeler une contre-révolution : seulement, c'était la révolution passée dans les mains d'un seul homme. Jusque là et depuis 1789 on avait tout fait pour affaiblir le pouvoir; tout ce qu'on lui ôtait de force, on croyait le donner à la liberté : ce qui prouve qu'on avait aussi peu d'idée de la liberté que du pouvoir.

Ici tous les rudimens de l'organisation politique sont combinés de tellem anière que le pouvoir va se trouver sans frein comme sans obstacles, et qu'il va jouir d'une étendue qu'il n'eût jamais, ni à aucune époque, ni sous aucun des régimes antérieurs.

Maintenant, était-ce une chose nécessaire, une condition indispensable de conservation, que cette effrayante dictature? Je réponds sans balancer : Oui. Quand on a vu les choses de près, quand on a été témoin de la divergence des opinions, des fureurs des factions, mais surtout de cet égarement général des esprits qui ne leur permettait plus de rien concevoir qui ne fût élément d'anarchie, on est convaincu que la force seule pouvait dompter tous les principes de discorde et de dissolution qui nous dévoraient.

C'est sans doute un très-grave malheur pour une grande nation que d'en être réduite à une aussi déplorable extrémité, et de voir toutes ses destinées entre les mains et sur la tête d'un seul homme, surtout à la suite d'un bouleversement universel qui ne permet pas de revenir à l'ancien état des choses, ni de rappeler le passé, et où l'avenir est dans le secret de la Providence; car, on vient de le voir, tous les efforts de l'expérience et de la sagesse n'ont pu concevoir, en fait d'organisation politique, rien qui pût avoir quelque stabilité; ils n'ont enfanté que des désordres et des bouleversemens.

Dans cette conflagration, la révolution française n'a pas seulement pour ennemis les anarchistes et les partisans du régime déchu; il faut encore y ajouter tous les gouvernemens étrangers, épouvantés qu'ils sont par des principes qu'ils regardent comme autant d'élémens de leur destruction. Napoléon a donc à combattre les inconvéniens d'un ordre de choses sans bases, des résistances, non à sa personne, mais aux choses qu'il médite, résistances qui se trouvent presque dans tous les esprits; de plus, les terreurs armées de l'étranger.

Dans cette position, il fallait que son pouvoir fût sans bornes, comme les résistances étaient de toutes parts sans mesure; il fallait que ce pouvoir fût sans bornes pour qu'il pût agir; il fallait encore qu'il fût sans bornes pour qu'il pût se conserver : autrement il eût été promptement culbuté.

Toutes les déclamations que l'on a répétées, imprimées sur les perfidies que renfermait la constitution de l'an VIII, sur l'art avec lequel Napoléon avait préparé les élémens de son usurpation et de sa tyrannie, n'ont aucune application à ce premier moment de son avénement au pouvoir.

La constitution n'était ni une perfidie ni un leurre; elle était tout simplement ce que l'on avait cru pouvoir faire de mieux alors. La plupart de ceux qui avaient pris part à cette œuvre y croyaient de la meilleure foi du monde, sinon qu'ils n'y trouvaient pas assez de garantie contre le pouvoir; car c'était toujours là la grande maladie : ils y croyaient comme on avait cru à la constitution de 91, à la constitution de l'an III. Napoléon n'avait pas cette foi, et déjà ses idées étaient arrêtées, au moins de la manière la plus générale. Aussi, son grand soin avait été d'assurer, autant que possible, l'indépendance du pouvoir, ou, si l'on veut, son indépendance, en commençant par la part qu'il avait faite aux deuxième et troisième consuls, qui n'étaient tout au plus que des conseils.

On attribuera ses vues à son ambition; mais

qui osera se soumettre à un pareil arrêt, lorsqu'il est certain que la nouvelle constitution n'offrait pas plus de gage de durée que celle de 91, que celle de l'an III? Et de quel droit attribuer à un calcul personnel ce qui peut n'appartenir qu'à une haute prévoyance, conçue dans l'intérêt de tous? Il faut être juste envers tout le monde, même envers les hommes supérieurs.

Cette vue de Napoléon était incontestablement juste, eu égard à sa position ; le point le plus essentiel au bien-être d'une nation, à la stabilité de son gouvernement et de ses institutions, est l'indépendance du pouvoir. Il ne faut pas que le pouvoir soit arbitraire, mais il faut qu'il soit inaltérable : c'est encore la condition de la véritable liberté, de la liberté pour tous ; ce n'est qu'à l'ombre d'un pouvoir inaltérable qu'elle peut exister. Je dirai à ceux qui croient toujours voir le despotisme dans cette rigueur de principes : Sous le despotisme d'un seul, une nation peut se maintenir et même prospérer, d'autant plus qu'un despotisme rigoureux n'exista jamais ; il rencontre toujours un frein quelconque, ne fût-ce que dans des préceptes religieux ou le lacet qui menace les sultans.

Rien ne peut subsister sous l'anarchie; et pourquoi? C'est que l'anarchie est le plus horrible, le plus destructeur, comme le plus avilissant des despotismes; aussi a-t-elle toujours succombé sous ses propres excès.

Le pouvoir et son indépendance sont des conditions d'existence, d'ordre et de puissance. Dans les mœurs patriarcales, le pouvoir appartient au père de famille. Chez les peuplades sédentaires, les vieillards commandent; les hordes guerrières reconnaissent des chefs : dans ce cas, le choix tombe ordinairement sur le plus audacieux et le plus habile.

Dans nos temps modernes, les chefs des Etats dont l'origine remonte, pour la plupart, à ce moyen-âge où se reformèrent de nouveaux peuples des débris de l'empire romain, tirent leur pouvoir d'une émanation de la volonté divine et du droit de propriété qui les constituent maîtres héréditaires des hommes et des choses : dans ce système, Dieu, comme on voit, entre pour une bonne part.

Par suite de la révolution française, on a consacré comme principe fondamental des sociétés, la souveraineté du peuple : dans ce système, Dieu n'est plus compté pour rien, et tout droit sur les peuples, à titre de droit de famille et de propriété, est entièrement renversé.

Mais comment la souveraineté du peuple se manifestera-t-elle? Par quel procédé en déduira-t-on une organisation forte et régulière telle qu'elle offre tous les gages désirables d'ordre, de durée et de stabilité?

A cet égard, quelles leçons ne trouvons-nous pas encore dans les événemens de notre révolution? On a voulu tout ramener à des théories absolues, à des conséquences rigoureuses, et tout s'est fait précisément en sens contraire; presque toujours la force des choses a tout réglé et mis en déroute les plus brillans calculs des combinaisons humaines.

Il y a donc une puissance au-dessus de la volonté des hommes, qui ne se soumet point à leurs égaremens, qui les corrige de leurs erreurs, et les rappelle à leurs devoirs par de grandes misères.

Si jamais événement a mis des hommes dans le cas d'être modestes et de se défier de ce qu'ils regardent comme leur raison, c'est celui qui nous occupe.

En vertu de la souveraineté du peuple, principe aussi mal compris que mal appliqué, même par le philosophe célèbre qui l'a mis plus particulièrement en vogue, on établit un ordre de choses, on nomme des gouvernans, des chambres législatives, etc.... Ces corps entrent en fonction, mais ils se désorganisent aussitôt par les vices mêmes de leur organisation; le gouvernement est dissous; l'un des corps de la législature est dispersé par les armes, l'autre se mutile lui-même. On ramasse quelques débris du premier, au nombre de trente ou quarante individus, dans les corridors du palais de Saint-Cloud, dans les cours, sur la voie publique; le second se réduit lui-même à pareil nombre, de son propre mouvement, malgré quelques réclamations qui ne sont point écoutées : on en compose deux commissions qui se donnent le titre de commissions législatives; ces deux commissions établissent un gouvernement provisoire qui s'était constitué d'avance de sa propre autorité, de manière qu'à le bien prendre, c'était ce gouvernement provisoire qui installait les commissions qui devaient le nommer.

Le gouvernement provisoire et les commissions se mettent à l'œuvre, et cherchent, de toute la puissance de leur intelligence, un système d'organisation sociale qui soit définitif, et croient pour la plupart, de la meilleure foi du monde, qu'ils l'ont trouvé. Pour cette fois on soumet la nouvelle constitution à l'acceptation du peuple; toutefois, le gouvernement s'installe avant même que le dépouillement des votes en ait fait connaître les résultats.

Où sont les sources du droit en vertu duquel on a agi dans ces opérations si importantes, aux suites desquelles sont attachées les destinées d'un grand peuple? Nulle part. L'article même de la constitution de l'an III, en vertu duquel le Conseil des Anciens avait transféré les conseils à Saint-Cloud, comme je l'ai déjà fait observer, avait été pris dans un sens absolument contraire à l'esprit qui l'avait dicté et au but que l'on s'était proposé en l'adoptant; la vérité est que le droit était uniquement dans la force des choses ou dans la nécessité. La nécessité! va-t-on se récrier, le grand mot invoqué par tous les tyrans. Trouvez-en un qui vous soit plus agréable, et qui vous paraisse moins dangereux? Pour moi, je suis convaincu, au moins jusqu'à nouvel ordre, que dans ces grandes conflagrations où l'Etat est dans un péril extrême, le droit ne peut pas naître d'une autre cause, de même que la justification de ceux qui ont agi.

On dira que le vote national couvrit toutes les irrégularités, soit; mais à peine la nouvelle constitution sera-t-elle mise en activité, qu'on s'apercevra bientôt de ses imperfections et de son insuffisance; il faudra bien cependant que le gouvernement marche, et l'on ne mettra pas toute une nation en mouvement chaque fois qu'une modification dans la loi fondamentale ou une addition sera jugée nécessaire. Le droit, en pareil cas, ne naîtra-t-il pas encore de la nécessité ou de la force des choses ?

Dans cette position, me dira-t-on encore, à quel signe reconnaîtrez-vous donc qu'un gouvernement est légitimement établi ? Dans ce qui est bien. Ce qui est bien, c'est un gouvernement fort, juste et durable : il est fort, parce qu'il est juste ; il est durable, parce qu'il est juste et fort.

Pour parvenir à une bonne organisation de gouvernement dans les grandes crises, il faut d'abord la force qui comprime les mauvais vouloirs et les mauvaises passions; puis, la sagesse, qui coordonne tout pour le plus grand bien de tous : la sagesse, c'est la vertu et la science. Alors, qui pourra attribuer cette force et l'investir du droit d'agir? Qui autorisera la sagesse à transformer ses oracles en lois? Hélas! la nature des choses et la nécessité; car, encore une fois, tout cela est indépendant des prétentions et des fantaisies des hommes; mais tout cela une fois réglé, malheur à la nation ou aux individus qui osent y porter atteinte!

Quant au choix de l'individu qui sera revêtu du pouvoir, on fait sonner bien haut le mot élection. Au fond, le *peuple* n'est pas plus le maître du choix, qu'il ne l'est d'adopter telle ou telle forme, telle ou telle condition de gouvernement. A l'époque dont il s'agit, le choix ne pouvait tomber que sur Napoléon, de même qu'aux événemens de juillet (1830) la couronne ne pouvait être placée que sur la tête de Louis-Philippe, parce que, d'après un sentiment national, Napoléon était seul jugé capable de rétablir l'ordre à l'intérieur, et de défendre la France contre les entreprises de l'étranger; de même qu'à l'époque de juillet tous les vœux et toutes les espérances se tournèrent vers la famille d'Orléans et vers son chef, et cela, parce qu'on ne peut appeler avec succès au pouvoir suprême que des existences qui n'ont point de rivales, et contre lesquelles toutes les prétentions viennent se briser. Or, quel guerrier pouvait s'égaler à Bonaparte, déjà fameux par tant de victoires? Quel homme d'Etat pouvait disputer le premier rang à celui dont l'ascendant avait amené toute l'Europe à son quartier-général de Montebello?

Un prince français qui s'était battu pour la France autant de temps qu'il avait été en son pouvoir de le faire, et qui lui était resté fidèle malgré tous les malheurs qui accompagnent une longue proscription, constituait également une existence à laquelle aucune autre ne pouvait être comparée.

Mais si, au milieu de ces désordres, tous les moyens pour en sortir sont susceptibles d'être justifiés, il n'en est pas moins vrai que ces nécessités sont quelque chose de bien déplorable, et prouvent que, dans les premiers momens de la révolution, tout le savoir si inexpérimenté de la Constituante, la sagesse elle-même, comme je ne cesserai de le répéter, qui pouvait indiquer des améliorations dans le gouvernement, était incapable, après un bouleversement complet, d'en reconstruire un tout à neuf, d'une seule pièce et d'un seul jet : on ne revient à quelque chose de régulier qu'à force de calamités. Leçon terrible, et qui profite peu!

Dans cet égarement des esprits, le premier soin de Napoléon devait être de fixer les doctrines, d'y attacher un sens précis, clair et vrai, puisque c'était à de fausses interprétations et à des applications irréfléchies qu'on devait attribuer le danger constant de notre situation; il ne s'en occupa nullement, et depuis, sous ce rapport, on n'a fait ni plus ni mieux. Il invoquait bien *la souveraineté du peuple* quand il croyait devoir employer ce talisman, soit pour attaquer, soit pour se défendre. *Le peuple, notre souverain à tous*, disait-il un jour en ma présence, aux membres du Tribunat, *le peuple* nous jugera; et nous, nous disions tout bas : *notre souverain à tous* nous a déjà condamnés. Il était aisé de voir que la souveraineté du peuple ne le préoccupait guère, si ce n'est dans certaines occasions graves où il croyait devoir gagner de vitesse ceux qui l'auraient invoquée contre lui; mais, confiant dans son ascendant, il plaçait le principe de son autorité dans sa force, et, d'après quelques mots qui lui sont échappés, soit dans ses conversations, soit dans ses écrits, il le plaçait dans une sorte de droit de conquête qu'il s'attribuait sur la France. Exerçant déjà une suprématie réelle sur les puissances du continent, il comptait fortifier ces illusions par l'onction du chef de l'Eglise catholique. Ces idées, en dehors de toutes les idées reçues, qui, par conséquent, n'étaient nullement comprises, ne pouvaient qu'affaiblir son autorité à mesure qu'elles se développaient : aussi, je marque comme une des causes de la chute de Napoléon, l'abandon du principe de son existence politique; car, dans ce travail, je ne me propose pas seulement de rechercher les causes de sa chute immédiate, mais les diverses causes qui, de son vivant ou après lui, devaient concourir au renversement d'un édifice élevé d'après des vues qu'il est difficile de saisir aujourd'hui.

Si l'on cherche les causes immédiates de sa chute, il ne faut pas aller plus loin qu'en Russie : l'horrible climat de ces contrées et les coups de la nature pouvaient seuls le renverser, lui individuellement. Mais qui l'avait conduit en Russie ? Voilà la question.

Après avoir assuré son pouvoir et l'avoir dégagé de toutes les entraves qui pouvaient lui faire obstacles, il devait s'occuper d'en régulariser l'exercice; car, si rien ne doit gêner à l'instant son action, il ne faut pas non plus qu'il perde de vue le but pour lequel il a été investi d'un pouvoir qu'il a rendu sans limites.

Il est difficile, il faut l'avouer, de concevoir des institutions et de les établir dans cette juste mesure qui les rende toujours utiles sans qu'elles puissent jamais devenir dangereuses. Aussi, je ne prétends pas qu'il dût faire un miracle, et qu'il pût produire sur-le-champ une machine politique solide et inaltérable. Il disait que rien n'était si difficile à concevoir que des desseins : j'en conviens; mais la difficulté ne dispense pas de l'obligation de le faire quand on l'a contractée. Or, l'institution d'un contrôle des pouvoirs publics devait être le grand résultat de la révolution, par conséquent le premier devoir qui lui était imposé. Il dit encore : « La sagesse était de *marcher à la journée,* » sans s'écarter d'un point fixe, étoile polaire » sur laquelle Napoléon va prendre sa direc- » tion pour conduire la révolution au port où » il veut la faire aborder. » Si, par *le port*, Napoléon entend la répression de tous les désordres, des influences dissidentes et perturbatrices, et l'indépendance absolue du pouvoir, il a conduit au port le vaisseau, même assez promptement et fort habilement. Mais, en général, en France, on attendait et on avait le droit d'exiger de lui une organisation régulière de son gouvernement. L'on considérait sa dictature comme un provisoire indispensable pour en essayer, modifier et coordonner toutes les pièces, de manière que l'expérience vînt confirmer les résultats de la méditation ; loin de là, dans tous les développemens de sa puissance on n'a rien vu qui tendît vers ce but ; ses efforts n'ont eu pour objet que d'isoler son pouvoir de toute espèce de surveillance.

Il est vrai qu'ayant assumé sur lui seul la révolution, les destinées de la France et celles de l'Europe, de nombreux motifs de sollicitude devaient compliquer singulièrement ses idées sur l'avenir : je les indiquerai au fur et à mesure que j'avancerai dans ce travail ; mais il n'en reste pas moins certain que, dans l'ensemble des mesures qu'il adopta successivement, rien n'annonce des vues qui tendissent à une organisation définitive et indépendante.

La plus forte preuve que l'on puisse donner qu'il n'y avait que du provisoire dans ses conceptions, c'est qu'aussitôt après sa chute il fallut réorganiser le gouvernement et l'asseoir sur des bases mieux appropriées à l'esprit et aux besoins de l'époque.

Si Napoléon se fût occupé sans relâche d'une organisation définitive, il eût été bien forcé de fixer les principes sur lesquels il l'aurait établie. Il avait la force nécessaire pour faire prévaloir tout ce qui lui aurait paru utile et bien ordonné. En ne le faisant pas, il a laissé sur toutes ces grandes questions fondamentales de l'ordre social, le plus grand nombre des esprits dans ce vague qui nous désole et nous menace encore aujourd'hui. Je vais en citer quelques exemples récens : car tout se tient dans la révolution et le plus souvent nous ne sortons d'un abîme que pour retomber dans un autre.

D'après des écrivains qui exercent une influence plus ou moins grande sur les opinions : 1° la première règle des états représentatifs veut la non-participation du roi dans le gouvernement, seul moyen de détourner la responsabilité de la royauté.

Voici une autre maxime de même nature et généralement adoptée par l'inconséquence et la légèreté française :

« Le roi règne et ne gouverne pas. »

La Charte déclare les ministres responsables ; on en tire cette conséquence que puisqu'ils sont responsables, ils doivent l'être à leurs risques et périls, et rester indépendans de toute influence qui pourrait dominer leur opinion ; ce qui rentre dans cette doctrine, que le roi n'a pas le droit de paraître devant ses ministres.

Ici ce sont des erreurs généralement répandues, assurément très-fâcheuses; toutefois, le gouvernement n'est pas obligé de s'y soumettre. Mais voici qui est bien plus étrange et bien plus dangereux :

2° On assure que dans un conseil du roi tenu dernièrement (fin de 1834), un ministre expose nettement devant le roi la nécessité de choisir un président, que le conseil lui-même désignerait; ce ministre déclara que dans un gouvernement représentatif les ministres responsables devaient être *maîtres* de leurs actions, et que, puisqu'ils avaient à subir le mouvement des Chambres, ils devaient savoir mieux que qui que ce soit quel président leur convenait pour se présenter devant les chambres.

3º Un personnage haut placé, très-recommandable d'ailleurs, a dit publiquement dans une circonstance grave :... « Avoir un conseil
» présidé avec dignité et *indépendance*, exer-
» cer la prérogative royale sous l'autorité royale,
» qui peut toujours vous renvoyer, mais con-
» server sa dignité et son *indépendance surtout* : voilà comme j'entends que l'on prenne
» part à l'administration. » Puis, plus explicitement : « J'accepterais volontiers un porte-
» feuille sous la présidence de...., ou sous tout
» autre président, pourvu que ce fût réelle-
» ment un président. »

4° Un ministre, dans une action publique, s'exprime en ces termes : « Le ministère se
» compose de huit hommes, incapables, par

» eux-mêmes, de faire le bien; il nous faut
» pour cela le concours des chambres, et c'est
» dans cette nécessité que consiste le principe
» constitutionnel. Par nous-mêmes nous ne
» sommes rien; vous seuls pouvez nous faire
» grands et puissans en nous communiquant la
» puissance morale dont nous avons besoin
» pour administrer. »

5° Un orateur, en commentant ces paroles, en tire ces conséquences : « La Charte dit qu'au
» roi appartient le choix des ministres. Eh
» bien ! vous avez vu les ministres actuels venir
» vous dire que c'était de vous *seuls* qu'ils re-
» cevaient le pouvoir; que, selon *votre vo-*
» *lonté*, ils étaient prêts à le conserver ou à le
» déposer. Rendons-leur justice, ils étaient
» alors dans les véritables *principes* du *gouver-*
» *nement représentatif;* soutenir le contraire,
» c'est rentrer dans les doctrines de la branche
» aînée des Bourbons, et qui, je l'espère, ne
» seront jamais celles de la branche régnante;
» car nous savons où elles mènent. (Très-bien,
» très-bien !)

» C'est la Chambre qui est la garde et le
» régulateur de la machine politique ; et quand

» le gardien se tait, quand le régulateur ne
» va pas, la marche de la machine ne peut être
» que vacillante et embarrassante. »

Un ministre : « Très-bien ! » Je suppose que le *très-bien* du ministre est dit sérieusement, ce dont toutefois on pourrait douter.

Il y a dans ces citations plus d'erreurs qu'il n'en faudrait pour renverser dix gouvernemens. Sans doute, parmi les hommes à qui elles sont échappées, on compte de grands talens et bien plus de lumières que je n'en possède : apparemment qu'ils n'ont pas donné à ces questions la même attention que moi ; et d'ailleurs ils n'ont pas vu ce que j'ai vu.

1º Un roi qui n'aurait pas de participation dans son gouvernement ! Et c'est là la première règle des Etats représentatifs !!! Où donc cette règle est-elle écrite ? A coup sûr ce n'est pas dans la Charte : je ne vois pas non plus qu'aucune tradition nous l'ait transmise. La première règle, pour les partisans du gouvernement représentatif, devrait être de n'en pas faire une chose absurde et ridicule ; il en est de même de cette autre règle du gouvernement représentatif : « Le roi règne et ne gouverne pas. »

C'est pourtant un homme de beaucoup d'esprit qui a érigé ces impertinences en principe. Ainsi, un roi signerait tous les jours des ordonnances avec l'obligation de ne pas les lire, et ne serait que la griffe obligée de ses ministres ! Ce n'est pas là de l'erreur, c'est de la démence. Que servirait de réfuter de pareilles misères ! Cependant je ferai une observation qui s'appliquera aux diverses assertions que je vais essayer de réfuter successivement et en peu de mots. Le roi, par sa position sociale, est la seule existence qui soit identique à la nation ; c'est le même intérêt de conservation, de prospérité, de puissance et de gloire, par conséquent la pensée la plus juste, celle qui veut toujours l'être, c'est la pensée de cette existence à laquelle rien ne peut être comparé. En paralysant ainsi cette pensée, c'est-à-dire la royauté, c'est priver l'Etat de la seule influence sur laquelle il puisse toujours compter, puisque seule elle est indépendante de toutes les passions qui troublent, et qu'elle est inhérente à toutes les affections qui conservent. On me citera Charles X et Napoléon : Charles X, qui ne voyait de salut que dans ce qui était aboli ; Napoléon, perdu dans un océan de circonstances qu'il créait et ne pouvait dominer : ce sont là des exceptions qui ne se retrouvent pas dans le cours des siècles.

2o « Les ministres sont responsables ; donc ils doivent être indépendans. » C'est précisément dans un sens tout-à-fait contraire qu'a été conçu l'article de la Charte concernant la responsabilité des ministres ; c'est parce que le législateur a considéré que les ministres sont toujours dépendans, qu'il les a déclarés responsables, afin qu'ils ne puissent pas argumenter de leur dépendance pour se mettre à l'abri des poursuites ou des reproches qui seraient dirigés contre eux. S'il était une fois certain que les ministres ont le droit de ne faire que ce qui leur plaît, aurait-il été nécessaire, dans ce cas, de faire parler la loi fondamentale pour les rendre responsables de faits et de mesures qui n'appartiendraient qu'à eux seuls ? Un ministre contresigne un acte, résultat de l'opinion, soit du roi ou d'un membre du conseil, ou de tout autre ; par le fait de sa signature, il l'adopte, il le fait sien, et il en répond sans pouvoir s'en prendre à personne. Toutes les subtilités qu'on veut substituer à cette marche si simple et si naturelle ne sont imaginées par de mauvais esprits que pour pouvoir attaquer le roi impunément, et préparer le renversement de la royauté. Si ce n'est pas leur but, au moins telle en serait la conséquence.

3º Les ministres ne sont maîtres de rien, sinon en un seul point : leur indépendance est dans leur conscience et la loyauté de leur caractère. Ce n'est pas seulement le roi qui peut les renvoyer ; si l'on exige d'eux des choses qui les blessent, ils sont les maîtres de se retirer, leur indépendance n'est que là; mais elle y est tout entière, indéfinie et sans bornes.

4º « Un président du conseil avec dignité et indépendance. » En un mot, un président qui soit président, ce qui veut dire nécessairement indépendant du roi. Qu'est-ce à dire ? un grand visir! un cardinal de Richelieu et un roi de paille! cela ne se conçoit pas. On conçoit à merveille un président qui tient le fauteuil en l'absence du roi, qui maintient la discipline dans le conseil, règle, sous la surveillance et les ordres du monarque, la marche générale des affaires, etc. Quant à sa dignité et à son indépendance, il est à cet égard sur le même pied que les autres ministres; son indépendance et sa dignité sont dans son caractère et le sentiment qu'il a de ses devoirs.

4o C'est une soumission bien imprudente que celle de ministres qui viennent demander à une Chambre de vouloir bien les accepter, et même les faire ce qu'ils peuvent et ce qu'ils doivent être. Les ministres tiennent tous leurs pouvoirs du roi, et non d'ailleurs; il n'y a point de principes du gouvernement représentatif à l'ombre duquel on puisse placer des assertions aussi destructives de l'autorité souveraine; leur puissance morale et personnelle naît ensuite de la considération dont personnellement ils sont environnés, de leur réputation de probité et d'habileté, de la sincérité et de l'énergie de leur patriotisme. Des Chambres ne peuvent pas plus ôter de tels attributs, qu'elles ne peuvent les donner; et si, lorsque des ministres sont ainsi investis de la confiance du roi et de leur bonne réputation, les Chambres les méconnaissaient, ce serait à leur grand dommage; car tout l'odieux d'une telle conduite retomberait sur elles.

Dans toutes ces choses il ne faut rien d'absolu. Sans doute le concours des Chambres est nécessaire aux ministres, pour qu'ils puissent agir avec succès ; mais le refus de ce concours, sans des motifs graves, révélerait une Chambre de factieux, dont la dissolution serait inévitable.

5° La Chambre des députés a bien moins d'aptitude pour être le régulateur de la machine politique que les deux autres branches de la législature, parce qu'elle a bien moins de fixité, et généralement dans son ensemble bien moins de lumières; et quand un ministre du roi a entendu professer une pareille doctrine, il a eu grand tort de s'écrier TRÈS-BIEN. Une Chambre des députés est un corps changeant, mobile, impressionnable, formé d'élémens hétérogènes, qui, en le supposant composé des meilleurs citoyens, sera toujours bien plus dirigé par un sentiment de conservation que par des lumières qu'il n'aura jamais en majorité. Une chambre des députés a son rôle tout fait, le contrôle des actes du gouvernement et une participation à la délibération des lois. Tout acte extrême de sa part serait aussi funeste que des actes de bon plaisir émanés du trône : ce rôle est assez beau, et donnera toujours assez à faire aux consciences pures, au patriotisme vrai.

En admettant la doctrine que je signale comme une des grandes erreurs de l'époque, ce serait placer le gouvernement dans la Chambre des députés, et il faut que chaque corps reste dans la limite de ses attributions. Je le dirai hardiment et sans crainte de me tromper : s'il en était ainsi, le gouvernement représentatif s'en irait en fumée, ou il périrait au milieu d'effroyables convulsions.

Par les mêmes raisons, je crois avoir démontré l'absurdité et le danger du prétendu *gouvernement des majorités*, conception factieuse et anarchique, fondée sur des inductions aussi fausses que les principes dont on veut la déduire. Il faut que le gouvernement soit dans le gouvernement, et chacune des Chambres dans ses attributions.

Napoléon avait la force nécessaire pour faire prévaloir ses conceptions; s'il s'était occupé d'une organisation définitive, il eût détruit sans retour toutes les fausses doctrines, et nous n'aurions pas encore aujourd'hui à en subir les inconvéniens.

On m'objectera peut-être que je confonds

souvent le présent avec le passé : je réponds qu'il n'en peut être autrement. Le passé et le présent sont tellement liés, qu'on ne peut les disjoindre si l'on conçoit bien l'ensemble et l'unité de cette grande époque. J'ai dit en commençant cet ouvrage : « Qu'est-ce que Napoléon ? Un produit de la révolution. Comment est-il arrivé au pouvoir ? Par la révolution. Qu'avait-il à manier ? Les matériaux de la révolution pour parvenir à la fin, qui était marquée par ce mémorable événement. On le signale comme une existence prodigieuse, immense ; mais c'est avant tout, avant lui, avant toute créature humaine, la révolution qui est prodigieuse, immense. La plus brillante fortune de Napoléon ne serait-elle pas d'avoir placé son nom dans ce grand événement ? »

Que sont Napoléon et la Restauration ? deux grands épisodes dans le cours de la révolution.

Napoléon, appuyé sur la révolution, et renversant tout ce qui lui fait obstacle, marche vers un ordre de choses qu'il n'avait pas encore trouvé lorsqu'il a succombé.

La Restauration, en partant des points les plus essentiels de la révolution, comme moyen de transition, crut ne pouvoir retrouver sa sécurité qu'en rétablissant, autant que possible, les deux grands corps privilégiés que la révolution avait renversés; elle succomba aussi dans cet imprudent et pénible enfantement.

Après cette double épreuve, la France se retrouve en face de la révolution, dégagée de ces deux envahissemens qui l'avaient troublée sans la détruire; elle s'y retrouve, à la vérité, avec plus d'expérience, mais encore loin de toutes les vérités qui seules peuvent raffermir les empires. Il est indispensable de rapprocher ces élémens divers et opposés pour pouvoir apprécier la marche de la révolution, ses progrès et la distance qui lui reste à parcourir pour parvenir enfin à son terme. Elle eut d'abord à surmonter les obstacles qui naissaient du régime qu'elle devait abolir; elle a maintenant à surmonter les obstacles que lui oppose l'exagération de ses propres doctrines.

CONCLUSION DE CETTE PREMIÈRE PARTIE.

Le grand œuvre du consulat provisoire fut la constitution de l'an VIII. Aussi, sauf quelques actes que j'ai cités d'abord, je réduis aux détails qui ont accompagné la délibération et aux réflexions qu'ils font naître cette première et mémorable époque du règne de Napoléon, dont il est fort difficile d'ailleurs d'assigner le terme, quoique Napoléon en borne la durée à quarante-deux jours.

Ce fut vers le 14 décembre 1799 que la Constitution fut achevée et présentée à l'acceptation du peuple français. Les consuls désignés, ou, si l'on veut, nommés par elle, leurs ministres et le Sénat entrèrent en fonctions le 24 décembre; le Corps législatif et le Tribunat furent installés le 1er janvier 1800, et ce ne fut que le 7 février suivant que l'acceptation de la Constitution fut constatée et proclamée. Ainsi, tous les pouvoirs qu'elle créait étaient en activité avant que l'on connût le résultat des votes, et que l'on pût savoir si cet acte constituait réellement la loi fondamentale du pays.

Aussi, je renvoie au Consulat définitif la plupart des faits et des mesures qui ont eu lieu du 15 décembre au 7 février, tels que la lettre du premier consul au roi d'Angleterre, etc., comme appartenant au Consulat définitif, et je termine ici l'époque du Consulat provisoire.

DEUXIÈME EPOQUE.

CONSULAT.

CHAPITRE PREMIER.

PRÉLIMINAIRES ET INSTALLATION.

§ Ier.

Règles d'après lesquelles il convient d'écrire l'histoire de Napoléon.

Napoléon est l'une des existences les plus extraordinaires qui aient étonné l'univers, la plus extraordinaire peut-être. On l'a comparé aux Alexandre, aux César; des écrivains n'ont pas balancé à proclamer sa supériorité sur ces grandes renommées. En le considérant d'une manière abstraite, je suis pleinement de l'avis de ces écrivains. Quand on envisage le point d'où il est parti, la hauteur à laquelle il s'est élevé, les obstacles en tous genres qu'il a dû surmonter et qu'il a surmontés avec une habileté et une résolution sans exemple, il ne reste que l'étonnement et l'admiration ; alors, comme je l'ai déjà dit, le récit de tant de prodiges, ouvrage d'un seul homme, offrira la plus brillante biographie qui ait jamais été soumise à l'imagination et aux méditations d'un lecteur; mais l'histoire a bien d'autres exigences; elle ne fait abstraction ni des temps, ni des lieux, ni des circonstances, ni surtout des devoirs, elle ne s'enthousiasme pas : elle examine, elle juge.

Napoléon, devenu chef et bientôt chef suprême et héréditaire d'une grande nation, revêtu d'un pouvoir indéfini qu'on lui décerne ou qu'il s'attribue, était-il par cela même maître de la France? Était-il l'arbitre de ses actions pour leur donner une direction d'après des desseins qui lui fussent personnels? Etait-il indépendant de toute volonté autre que la sienne?

N'avait-il pas au contraire des devoirs à remplir, des devoirs qu'il ne pouvait ni méconnaître ni transgresser? En supposant que des circonstances impérieuses l'eussent entraîné dans quelques fausses mesures, ces circonstances suffiront-elles pour justifier ses écarts?

Le pouvoir, en apparence sans limites, devait

en trouver de puissantes dans les volontés de la France, volontés irrécusables, aussi évidentes alors qu'elles le sont aujourd'hui, qu'elles le seront dans tous les temps.

Or, la première volonté de la France était que Napoléon usât de son pouvoir indéfini et qu'elle ne tolérait indéfini que dans cet espoir, pour lui donner un gouvernement stable, fondé sur la justice et sur les lois, seuls élémens d'une véritable liberté, et d'une égalité conciliable avec un ordre public bien réglé.

La seconde volonté de la France consistait dans les limites de son territoire, le Rhin, les Alpes et les Pyrénées. Elle entendait qu'elles ne fussent restreintes ni étendues. Napoléon lui-même avait dit que si on portait la France au-delà du Rhin, il n'y avait plus de France.

Enfin, la troisième volonté de la France était que Napoléon assurât à jamais l'indépendance de son territoire contre toute entreprise étrangère.

En rapprochant de ces règles tous les actes de la conduite ou du règne de Napoléon, son histoire, au premier coup-d'œil si compliquée, si éblouissante, je dirais volontiers si étourdissante, s'éclaircira. Chaque objet ira prendre sa place avec le caractère qui lui sera propre; lui-même sera loué, excusé ou blâmé, selon la nature de chacune de ses œuvres. Mais sans ce type, dont l'historien ne devra jamais s'éloigner, cette époque si féconde en événemens n'offrira qu'un chaos où la haine pourra puiser à son aise ses déclamations et l'enthousiasme ses hymnes de gloire; mais où le lecteur se trouvera noyé dans un océan d'erreurs.

Je sais que, pour apprécier les actes de son gouvernement et de sa politique, il faudrait en quelque sorte pénétrer dans sa pensée. En résumant ce qu'on aperçoit dans l'ensemble et le cours de son règne, on croit y apercevoir des préoccupations puissantes qui ont dû embarrasser singulièrement et compliquer ses résolutions : 1° les factions, et surtout l'esprit d'anarchie, qui avait jeté des racines si profondes, les factions, qui pouvaient céder à la force, mais trop fanatisées pour se soumettre à des institutions ; par conséquent la difficulté ou même l'impossibilité de créer des institutions propres à les subjuguer, et cela dans un ordre de choses légal et pour tous les temps; 2° le maintien, après lui, de sa dynastie, pour laquelle les dispositions toujours hostiles des puissances de l'Europe, et la légèreté française, lui inspiraient les craintes les plus sérieuses ; 3° enfin, un amour effréné de ce qu'il regardait comme la gloire, et des choses extraordinaires qui la donnent, ce qui le portait à tout envahir, et ce qui lui avait fait regarder l'Europe comme une *taupinée*, par conséquent comme un théâtre trop resserré pour ses vastes desseins. A l'extrémité de chaque vertu se trouve un vice, une exagération ; pour faire ce qu'il a fait, il fallait des facultés inouies, une âme dont le ressort fût prodigieux et qu'il eût été nécessaire de contenir dans de justes limites. Ce sont ces limites que l'historien se trouve dans l'obligation de déterminer : il y parviendra en rapportant tout au devoir.

§ II.

D'un grave inconvénient qu'éprouva Napoléon en arrivant au pouvoir.

Un point important, auquel je ne vois pas qu'aucun écrivain ait donné quelque attention, et qui pourtant a exercé une grande influence sur sa destinée, est l'isolement dans lequel il se trouva par le fait en entrant en fonctions : il était seul dans sa pensée; aucun des hommes dont il s'entoura ne pouvait le comprendre; chacun lui prêtait ses sentimens et jugeait ses intentions d'après ses désirs : tous se trompaient et étaient trompés. On a beaucoup vanté son tact, sa pénétration pour apprécier les hommes et distinguer ceux qui pouvaient lui être utiles. Il y aurait bien des choses à dire sur ce tact ; car, si Napoléon fit des choix d'hommes habiles, il approcha de lui bien des médiocrités. Au reste, s'il était le maître de choisir, il ne l'était pas de faire des hommes tels qu'il les lui aurait fallu. C'est sous ce point de vue que j'examine sa position.

Il appela des individus de tous les partis, excepté ceux qui, en définitive, auraient pu lui rendre le plus de services. Ce plan de conduite, qui peut paraître très-bon au premier coup-d'œil, et qui offrit en effet de grands avantages, eut cependant de graves inconvéniens ; c'était tout-à-fait un malheur de position qu'on ne peut lui reprocher. Il résulta de ce singulier amalgame que ces opinions divergentes et opposées se trouvèrent en quelque sorte neutralisées les unes par les autres. Par ce moyen, Napoléon se trouva environné de créatures soumises, mais non des lumières dont il avait besoin.

Il avait élevé à de hauts emplois, à la vérité, quelques hommes qui avaient marqué dans la révolution d'une manière plus ou moins vive : ce n'est pas toutefois parce qu'ils lui inspiraient une grande confiance ni pour en recevoir des conseils, on a pu remarquer en mainte occasion qu'il ne les aimait pas ; c'était bien plutôt des otages qu'il se donnait contre les opinions exagérées et les individus qui les partageaient, en même temps qu'une menace contre les ennemis de cette même révolution : mais ces fonctionnaires, loin de se permettre des observations qui auraient pu être prises en mauvaise part, se trouvaient obligés à des condescendances sans bornes pour effacer le plus possible tout souvenir du passé et prévenir de fâcheuses récriminations.

La confiance de Napoléon s'était portée plus particulièrement vers les hommes qui avaient embrassé la révolution, mais que les circonstances avaient éloignés des affaires ou même proscrits ; elle s'était portée aussi vers des hommes de l'ancien régime qui s'étaient ralliés à lui avec une grande apparence de dévoûment ; mais l'exaspération des premiers contre les hommes qui avaient reçu en quelque sorte la révolution de leurs mains, et qui en avaient supporté tout le fardeau, était incontestablement plus forte que celle des seconds. Ceux-ci regardaient leur rapprochement comme une faveur, ils en jouissaient avec une sorte de modestie et de défiance ; ceux-là le regardaient comme une justice, comme un droit, et ne se croyaient obligés à aucun ménagement envers des rivaux qu'ils regardaient comme les destructeurs de leur ouvrage, comme les auteurs de leurs maux. S'ils étaient profondément soumis aux volontés du maître, ils s'indemnisaient bien de cet assujettissement sur ceux qu'il n'aimait pas et qu'ils haïssaient. Ceux-ci, comme les royalistes convertis à Napoléon, étaient peu propres à donner de sages conseils ; ils ne pouvaient inspirer ce qu'ils ne concevaient pas.

Chose qui paraîtra étrange au premier coup-d'œil ! les hommes contre lesquels Napoléon montra des préventions en quelque sorte insurmontables furent ceux qui avaient traversé la révolution exempts, à ce qu'ils croyaient, de tous reproches, avec des idées qu'on jugeait alors modérées, qui avaient été aussi en partie proscrits ou au moins complètement paralysés dans l'exercice des fonctions auxquelles ils avaient été appelés.

Il faut en convenir, ces hommes confians dans leurs opinions, qu'ils croyaient aussi saines qu'irréprochables, et que Napoléon regardait comme des rêves, montraient un esprit d'indépendance qui ne pouvait se concilier avec ses vues : au moins Napoléon le croyait ainsi. Il les traitait de songe-creux, de métaphysiciens, etc.; il les poursuivait de ses sarcasmes, les faisait attaquer sans pitié par ses journaux; il porta la haine jusqu'à faire répandre des libelles contre eux. En sortant un jour d'une séance du Tribunat, nous trouvâmes les tables de la salle des conférences couvertes d'un pamphlet très-violent, dirigé contre la majorité des membres de cette assemblée. Il est vrai que, dans ce moment, quelques individus, à la tête desquels il faut placer Benjamin Constant, avaient conçu la belle idée de former une opposition systématique. La proposition me fut faite d'entrer dans cette espèce de coalition. Je cherchai à faire sentir à Benjamin Constant tous les inconvéniens et les dangers d'une semblable entreprise. Je lui dis que je regardais comme très-bien que chacun gardât par-devers soi son *indépendance*, mais que, d'après ce que je savais et tout ce que je voyais, si on coalisait ces indépendances en face d'un tel homme, ce ne serait pas impunément. J'eus lieu de croire que mes observations ne furent point écoutées ; et cette petite fraction du Tribunat, à laquelle on donna assez plaisamment le nom de comité des lumières, dut faire naître l'idée de l'anéantissement de l'institution.

Il résulte de ces observations que Napoléon, jeune, ne connaissant pas, comme il l'avoue, la révolution, privé des conseils dont il aurait eu besoin, non-seulement se trouva dans une sorte d'isolement, mais encore qu'il fut exposé à toutes les mauvaises suggestions de son entourage. Et y eut-il jamais une âme assez forte pour résister à des influences de tous les instans, surtout dans une position où tout est dans le vague et l'incertitude ?

Je citerai comme exemple la présence de Bourrienne auprès de Napoléon en qualité de son secrétaire intime. A ce titre, Bourrienne ne le quittait ni le jour, ni, à le bien prendre, la nuit. Eh bien! ce Bourrienne, camarade de Napoléon à l'école de Brienne, émigré rentré, était un ennemi fortuné de la révolution. Il employa tous ses moyens de persuasion pour déterminer Napoléon à rétablir les Bourbons sur le trône, ce qui eût été impossible dans de telles circonstances. Il en était de même dans toutes les questions qui s'élevaient entre la révolution et la contre-révolution. Comment des efforts de tous les instans pouvaient-ils être sans influence sur un esprit qui non-seulement n'avait pas, de son propre aveu, l'expérience des événemens, mais qui, à bien des égards, partageait, sur les choses et sur les hommes, les préventions de son secrétaire? Supposez, au contraire, un esprit sage, connaissant à fond la révolution, juste appréciateur de chaque chose, connaissant le danger, mais aussi les nécessités du moment, et voyez quelle différence dans les résultats de ces communications et de ces confidences de tous les instans. Tout l'entourage de Napoléon était composé en grande partie d'élémens semblables : il n'avait, contre les influences qui s'agitaient sans cesse et dans tous les sens autour de lui, que quelques conseils sages qui n'étaient pas toujours bien accueillis, que l'instinct des véritables besoins de l'Etat.

La première condition pour fonder un ordre de choses est d'avoir en main un pouvoir assez étendu : ce pouvoir ne manqua pas à Napoléon ; la seconde est d'avoir des idées bien arrêtées sur le but qu'on veut atteindre. Napoléon dit que la chose la plus rare est d'avoir des desseins. Il n'en eut pas alors ; en a-t-il eu depuis ?

Ce point de départ devait jeter Napoléon dans les voies les plus dangereuses.

§ III.

Trait de caractère qui révèle tout l'avenir de Napoléon.

Napoléon, consul provisoire, était modestement logé dans un des appartemens du Petit-

Luxembourg; c'est même là, et en lui faisant ma première visite après qu'il fut nommé PREMIER CONSUL, mais avant l'acceptation de la nouvelle constitution, que je fus témoin d'une scène assez extraordinaire dont je rendrai compte plus tard.

On annonce en quelque sorte subitement que le premier consul va occuper le palais des Tuileries. Grande surprise de la part de tous les hommes dits de la révolution, qui, le jugeant encore un peu trop d'après son aspect physique, ne comprenaient pas quelle figure une créature si mince et d'une si petite stature allait faire dans un aussi vaste palais.

En effet, au jour indiqué, 30 pluviôse an VIII (19 février 1800), Napoléon, entouré d'un nombreux et brillant état-major, suivi de fonctionnaires dont il avait déjà fait quelque chose d'assez élevé, part du Petit-Luxembourg dans un superbe équipage attelé de six chevaux blancs magnifiques, et vient prendre possession du palais des Tuileries, en triomphateur, et de la manière la plus solennelle.

Je ne parle point de l'art avec lequel Napoléon sut, dans cette occurrence, ménager les susceptibilités républicaines, cela se conçoit et se trouve partout ; je me contenterai de rappeler que cet appareil fut accueilli par les masses avec le plus grand enthousiasme ; ce qui fit dire au premier consul : « Avec cela je » puis laisser caqueter les Jacobins; mais qu'ils » ne parlent pas trop haut ! » C'est le fait en soi qui est digne de remarque, parce qu'il est un événement, et un grand événement. On en pourrait déjà juger par ce simple rapprochement : au moment où Napoléon faisait son entrée aux Tuileries, on lisait encore sur les murs du palais cette inscription : « *Le 10 août 1792,* » *la royauté, en France, fut abolie, et ne se* » *relèvera jamais.* » Peu de jours après l'inscription était effacée ; mais voici ce qui caractérise la main-mise sur le palais des rois.

En confondant l'égalité de fait avec l'égalité de droit, l'égalité devant les lois, l'on a, depuis le commencement de la révolution, professé des doctrines également contraires au bon ordre, à toute émulation, aux instincts de notre nature et aux besoins des sociétés humaines. Ces doctrines ont été portées à un tel degré d'exagération, qu'on a pu imprimer des maximes telles que celles-

ci : « Il n'y a pas d'état qui honore, parce qu'il
» n'en est pas qui déroge. L'honneur s'attache
» à la personne et non à la profession, etc. »

Ainsi, un barbouilleur d'enseigne et un peintre d'histoire ; un ménétrier de village et un compositeur habile; un écrivain du charnier des Innocens, et Corneille et Voltaire ; un garçon de magasin et un négociant qui, par ses vastes conceptions, met en communication les deux mondes et les féconde ; un commissionnaire du coin des rues et un haut fonctionnaire; un goujat d'armée et un maréchal de France, tout cela c'est la même chose, sauf quelques individualités qu'un mérite extraordinaire distingue, ce qui encore leur sera contesté. Je ne pense pas que la vanité individuelle puisse porter plus loin ses prétentions. Aussi, voyez quelles en sont les funestes conséquences, et quel bouleversement elle opère dans tous les esprits !

Cette égalité mal entendue est notre grande maladie sociale, elle a pénétré dans toutes les classes : on veut bien être au-dessus des autres, mais on ne veut rien au-dessus de soi; elle est un obstacle presque invincible à toute véritable amélioration, parce qu'elle est intolérante et ne permet aucun examen. Nous en avons un exemple sous les yeux (1835), dans la proposition d'abolir les majorats, institution créée par Napoléon; on y voit le rétablissement de la féodalité, des priviléges nobiliaires, etc. Je ne suis ni pour ni contre ces institutions, par une raison bien simple : je n'ai point d'opinion arrêtée sur un si grave sujet; seulement j'y vois des questions qui touchent à ce que la civilisation a de plus élevé et l'économie sociale de plus compliqué. Aujourd'hui, d'après la disposition des esprits, ce sujet est impossible à traiter ; il ne le sera pas, et cependant l'on prononcera. Non-seulement un grand nombre d'individus, qui ne sont pas d'ailleurs sans lumières, sont incapables de les discuter, mais ils sont encore incapables de suivre et de comprendre une semblable discussion, tant les faux systèmes exercent d'empire, tant les préoccupations ont de force et ferment les yeux à toute espèce de lumières.

Cette fureur d'égalité ne laisse pas même aux yeux la faculté de s'ouvrir. En apparaissant aux regards de tous, avec ses insignes de l'autorité supérieure, Napoléon la prit, pour ainsi dire, corps à corps, et la subjugua d'un seul coup; ce fut une conquête grande et nécessaire sur les préjugés du temps : c'est pour cela que j'ai appelé la prise de possession des Tuileries un grand événement.

§ IV.

Mesures relatives aux journaux.

Pour ne pas s'égarer en cette matière, il faut commencer par se faire une idée juste de ce qu'est en soi la liberté de la presse en général, et particulièrement de la presse dite périodique, et en quoi consiste l'abus qu'on en fait.

Sur le premier point, voici, ce me semble, comment on peut raisonner.

Selon une opinion, qui paraît généralement reçue, la liberté de la presse serait une *concession du pouvoir, une concession de la royauté*, une conséquence du gouvernement représentatif, qui lui-même serait encore une *concession de la royauté*.

L'on ne peut admettre comme des principes

les locutions qui ne concluent pas; car il resterait toujours la question de savoir si le prince a agi prudemment en faisant ces concessions Dans un gouvernement national il n'y a point de concession possible, tout doit être réglé pour la conservation de la société. Toute concession à des individualités au détriment de la société serait une faute ou une perfidie. C'est cette idée de concessions qui donne lieu tous les jours à tant de faux raisonnemens et à de si nombreuses erreurs.

A mon sens, loin d'être une concession, la liberté de la presse est la première, la plus précieuse, la plus indispensable des prérogatives de la couronne. Je ne conçois pas et l'on ne concevra jamais comment la royauté, qui est le gouvernement de la justice, ou ce n'est plus la royauté, peut remplir son auguste et sublime fonction sans cette libre communication des idées dont la presse est le moyen le plus puissant; sans cette libre communication des idées, qui met le chef de l'Etat, tous les jours et à tous les instans, en rapport avec ce qui se passe sur tous les points du territoire, quelque vaste qu'on en suppose l'étendue. Loin donc que la liberté de la presse soit une *concession* de la royauté, elle est son premier attribut et son premier besoin ; elle est sa plus sûre sauvegarde, son premier élément d'indépendance et de puissance. Par là, la royauté peut toujours être juste, parce qu'elle est toujours éclairée ; par cette liberté, ni les infidélités de ses agens, ni les intrigans des cours, ni les complots des malintentionnés, ni les manœuvres de l'étranger ne peuvent la circonvenir ni la tromper ; par elle, un roi lit en quelque sorte au fond de tous les cœurs : il sait par lui-même où il doit placer sa confiance et ce qui mérite sa désapprobation. Rejetons donc bien loin ce mot de concession, qui semble annoncer un affaiblissement, tandis que là est un principe de force, sans lequel l'autorité la plus bienveillante est à la merci de toutes les machinations qui l'entourent.

Tels seraient les effets d'une presse libre et bien réglée. Mais voici ce qui est arrivé et quels en ont été les abus, particulièrement en ce qui concerne la presse périodique.

Les journaux ont soutenu, compromis, et à plusieurs reprises, perdu la révolution. Dès le commencement ou l'origine de ce grand événement, on publia des journaux infâmes qui n'avaient pour but qu'une subversion totale de la société ; ils travaillaient constamment au soulèvement des classes ouvrières et pauvres, et ils préparèrent les terribles insurrections qui amenèrent des résultats si effrayans.

L'esprit contre-révolutionnaire donna naissance à d'autres journaux, dont la violence rencontra de redoutables adversaires dans des écrits périodiques inspirés par l'esprit du temps et appuyés par les nombreuses associations qui couvrirent bientôt le sol de la France. Les publications purement anarchistes, à cette époque comme dans tous les temps, n'étaient susceptibles de garder aucune mesure, puisque leur but est le désordre et la désorganisation ; mais les journaux auraient pu défendre leurs opinions réciproques, quoique opposées, avec quelque modération ; c'est ce qu'ils ne firent pas, et la France, divisée en tout sens, fut entraînée dans les partis qui la tourmentent encore aujourd'hui.

Au milieu de toutes ces invocations de patrie, de dévoûment, de liberté, pas un seul journal n'était fait dans le véritable intérêt de la patrie, de la France et de la révolution : tous ces rédacteurs, qui dans un sens qui dans un autre, étaient emportés au-delà de toute mesure; aucun ne voyait plus loin que du moment; son intelligence ne lui permettait pas de se placer au-dessus du sentiment dont il était agité. Toutefois, parmi ces écrivains, il s'en trouvait bon nombre qui étaient des hommes distingués, d'une probité à toute épreuve, d'une moralité parfaite, et dont les intentions étaient on ne peut plus pures. J'en vais citer un exemple.

Je me rappelle qu'étant à la Conciergerie, sous les verroux du tribunal révolutionnaire, on nous annonça, vers la fin d'octobre 1793, comme amené de Bordeaux, où il avait été arrêté, Giray Dupré, qui avait jusque là rédigé le *Patriote français* sous la direction de Brissot. Il avait fait le voyage les fers aux pieds et aux mains, et quand on eut dérivé ses fers, on le plaça dans notre chambre. Nous le connaissions beaucoup; c'était un jeune homme plein de candeur, de beaucoup d'esprit, du caractère le plus heureux et le plus honorable. Au bout de quelques jours, il se fit apporter dans sa prison un exemplaire du *Patriote*; il le parcourait avec une grande attention, et il ne nous échappait pas qu'il faisait au crayon des marques assez fréquentes sur ce qu'on appelle les articles de rédaction. Enfin, un jour nous lui dîmes : « Pourquoi relis-tu » donc les articles avec tant de soin, et que si- » gnifient les marques que tu fais là?—Hélas! » nous répondit-il, je note, entre autres, les » passages qui ont mis la France dans l'état où » elle est, et qui m'ont conduit ici. » Il nous en lisait, en gémissant, quelques-uns, et malheureusement il ne se trompait pas. « Si j'en réchappe, » continuait-il, on ne m'y reprendra point. » Mais il succomba. Avis aux rédacteurs de journaux qui écrivent, avec tant de légèreté, des choses si peu réfléchies et si dangereuses.

Au moment où Napoléon arriva au pouvoir, les journaux étaient épouvantables. Je ne chercherai point à donner une idée des horreurs et des extravagances qui les distinguaient ; on croirait entendre une déclamation, et ce ne serait pas encore la vérité.

Une réflexion bien pénible et que j'ai souvent faite, c'est de savoir comment il est possible d'imaginer que des hommes qui ont reçu de l'éducation, qui ont acquis plus ou moins d'instruction, qui, par cela même, doivent avoir des idées plus justes des devoirs qu'imposent le maintien du bon ordre, le respect des lois, ce qu'on se doit à soi-même et ce qu'on doit aux autres; comment, dis-je, ces hommes, au lieu de prouver chaque jour à quel point ils sont soumis aux règles de la bienséance, des convenances et de l'équité, ont pu donner constamment l'exemple de tous les genres de scandale. Il semblait que les maux passés, que les maux présens dont ils étaient en grande partie les auteurs, et que les maux non moins grands dont ils nous menaçaient, ne faisaient qu'animer leurs fureurs.

Une semblable licence, inconciliable avec toute espèce de gouvernement, l'était bien moins encore avec les vues et le caractère du chef du gouvernement nouveau; son premier soin devait être de la réprimer. Aussi ne s'en fit-il pas faute. Il prit un arrêté qui réduisit les journaux à douze, y compris les journaux scientifiques; et les trois ou quatre journaux soi-disant politiques qu'il laissa subsister furent placés sous la main de la police, et surveillés de la manière la plus sévère.

Il ne se contenta pas de réduire ainsi ces feuilles, de réunir celles qui avaient le moins d'analogie; il donna aux uns ce qui appartenait aux autres; il créa des pensions sur celles de ces feuilles qui faisaient quelques profits, pensions qu'il distribua à des gens de lettres ou à des protégés. Enfin, sans reconnaître aucun droit de propriété sur ces sortes d'entreprises, il en disposa comme de choses à lui appartenant.

Qu'il eût réprimé les excès auxquels se livraient les écrivains périodiques, qu'il leur eût même, à certains égards, imposé un silence absolu pour que leurs piailleries ne vinssent pas le troubler dans ses vues d'organisation, cela se conçoit aisément; mais, plus tôt ou plus tard, il eût dû sentir que les choses ne pouvaient pas rester sur ce pied; que, si une licence effrénée était inconciliable avec l'ordre public et le maintien d'un gouvernement, un assujettissement aussi absolu était une autre extrémité contraire au vœu public et à tous les intérêts, même aux siens. Et cependant cet état violent et désordonné a duré constamment sous son règne. Rien n'a annoncé qu'il eût songé à le faire cesser, ce qui est d'autant plus étonnant, plus remarquable, qu'aucun sujet peut-être n'appelait son attention à un si haut degré; car il devait prévoir que le désordre qui existait au moment de son entrée au pouvoir ne manquerait pas de se reproduire aussitôt qu'il aurait cessé d'exister, parce qu'une compression aussi forte ne va pas au-delà de celui qui a pu l'établir. Il n'y a que ce qui est sagement réglé qui peut se maintenir.

C'était pour Napoléon une obligation rigoureuse et pressante d'examiner ce que c'est que cette liberté de la presse dont on fait tant de bruit et dont on a si cruellement abusé; comment on peut la rendre utile sans qu'elle soit dangereuse.

C'était bien une autre question pour le dictateur, que la liberté de la presse dite périodique, cette espèce de droit indéfini que se confèrent à eux-mêmes certains individus qui se proclament un quatrième pouvoir dans l'Etat, qui s'attribuent de leur autorité la mission, le privilége en quelque sorte exclusif de parler de tout, tous les jours et à toute heure; de répandre tous les bruits et toutes les idées conformes à leurs vues personnelles d'ambition, de vengeance ou de désordre ; qui se posent en face d'un gouvernement pour l'assaillir de leurs mauvais conseils ou de leurs outrages ; qui s'emparent des opinions pour les pervertir, de toutes les passions pour les soulever, de toutes les doctrines pour les corrompre ; qui frappent à coups redoublés sur les réputations les plus honorables, sur les talens les plus distingués dont l'autorité les contrarie ; qui attaquent sans qu'on puisse en réalité leur répondre, et dont les paroles cruelles arrivent aux extrémités d'un empire sans qu'on puisse les atteindre.

Où est l'égalité, je ne dirai pas entre les citoyens, mais entre de hauts fonctionnaires et des hommes qui manient de pareilles armes, je dirai plus, entre une nation tout entière et quelques individus qui l'exposent aux dangers de semblables influences ?

Pendant quarante ans, trente-deux millions d'individus ont été constamment victimes et dupes de la liberté de la presse ; cependant elle est indispensable : la réprimer par la censure, c'est l'anéantir. Par quel moyen donc en rendre l'exercice régulier, décent et salutaire ? Comment assurer l'exercice du droit et les bienfaits dont j'ai parlé plus haut, comment prévenir ce qui transforme le droit en abus et les bienfaits en maléfices ?

Le problême n'est assurément pas insoluble. C'était un premier devoir pour Napoléon de le résoudre; il avait assez de puissance pour asseoir tout ce qu'il aurait voulu sur un sujet d'une aussi haute importance; il ne s'en occupa même pas : je me trompe, il l'employa constamment, mais pour une mauvaise fin.

On peut reconnaître dans cette conduite l'emploi de la force, mais non la prévoyance de la sagesse, puisqu'on ne peut pas y apercevoir la plus légère tendance vers ce qu'on pourrait appeler un état de choses.

OBSERVATION. — Ce que fit Napoléon pour remédier aux maux dont la France était accablée, et rétablir l'ordre dans toutes les branches de l'administration, est incalculable. Un gouvernement multiple, ou à plusieurs têtes en eût-il fait autant, avec la meilleure volonté du monde? Jamais. Si Napoléon avait eu à ses trousses une assemblée délibérante, qui eût eu la prétention de se faire gouvernement, aurait-il obtenu le même succès? Jamais; et pourquoi? parce que quand plusieurs individus se trouvent ensemble aux mêmes droits, ils se querellent et n'agissent pas.

Voilà comment, toutes les fois qu'une assemblée pourra se mêler, soit directement, soit indirectement, du gouvernement, tout sera entravé.

Le plus grand fléau qui puisse affliger une nation, et compromettre la vraie liberté, est une assemblée dite populaire, qui sort de ses attributions.

www.ingramcontent.com/pod-product-compliance
Lightning Source LLC
Chambersburg PA
CBHW060136100426
42744CB00007B/810